Pensez

Gérez

Gagnez

Du même auteur,
chez le même éditeur

- *Pensez-Gérez-Gagnez* (1995)
- *Délégué spécial* (1999)
- *L'amour au pluriel* (1999)
- *L'amour singulier* (2000)
- *Conversation entre hommes* (2001)
- *De l'ombre à la lumière* (2006)
- *Les clés du Secret* (2007)
- *L'autoguérison et ses secrets* (2008)

À paraître bientôt

- *La spiritualité et ses secrets*

Daniel Sévigny

Pensez

Gérez

Gagnez

ÉDITIONS DE MORTAGNE

Données de catalogage avant publication (Canada)

Sévigny, Daniel, 1947-

Pensez, gérez, gagnez

    Éd. rev. et augm.

      ISBN : 978-2-89074-919-1

1. Bonheur. 2. Psychologie positive. 3. Succès - Aspect psychologique. I. Titre.

BF575.H27S48 2009   152.4'2   C2008-942356-9

Édition
Les Éditions de Mortagne
Case postale 116
Boucherville (Québec)
J4B 5E6

Distribution
Tél. : 450 641-2387
Téléc. : 450 655-6092
Courriel : info@editionsdemortagne.com

Dépôt légal
Bibliothèque nationale du Canada
Bibliothèque nationale du Québec
Bibliothèque Nationale de France
1er trimestre 2009

ISBN : 978-2-89074-919-1

4 5 – 09 – 13 12

Imprimé au Canada

Nous reconnaissons l'aide financière du gouvernement du Canada par l'entremise du Programme d'aide au développement de l'industrie de l'édition (PADIÉ) et celle du gouvernement du Québec par l'entremise de la Société de développement des entreprises culturelles (SODEC) pour nos activités d'édition. Gouvernement du Québec – Programme de crédit d'impôt pour l'édition de livres – Gestion SODEC.

Membre de l'Association nationale des éditeurs de livres (ANEL)

Je dédie ce livre à _____ ,
pour que l'étincelle qui sommeille
devienne un brasier.

SOMMAIRE

JE PENSE...

PENSEZ...

Grains de sagesse

Surveillez vos pensées,
Elles deviennent des mots.
Surveillez vos mots,
Ils deviennent des actions.
Surveillez vos actions,
Elles deviennent des habitudes.
Surveillez vos habitudes,
Elles deviennent votre caractère.
Surveillez votre caractère,
Il devient votre destin.

Frank Outlaw

*Notre présent est le résultat
de nos pensées.*

Chapitre 1

Toutes les pensées sont nos énergies uniques

Chacun de nous est libre de ses pensées. C'est par ce merveilleux pouvoir que se crée toute chose. Ce n'est pas en pensant au passé que vous allez bâtir votre futur quand celui-ci deviendra votre présent.

Vous devez retenir que chaque pensée prend une seconde à faire le tour de la Terre et vous revient avec la même énergie. Parce que chacune d'elles est un émetteur d'énergie, elle influence sur son passage l'ensemble de la Terre. Notre mécanisme de pensée demande une surveillance constante, devant être régi par un contrôle parfait dont la perfection ne dépend que de l'entraînement.

Les vibrations énergétiques émises sont la réplique exacte de nos pensées. En véhiculant des pensées d'amour, de bonheur, de sérénité, objectives, etc., c'est le fruit énergétique qui se dégagera de vous. Par contre, l'effet contraire est aussi vrai. En s'obstinant à entretenir des pensées négatives telles que l'inquiétude, la colère, la haine, le ressentiment et autres idées noires, vous reflétez l'indésirable.

Regardez dans votre entourage et vous ferez vite une sélection des gens optimistes et négatifs, même si vous ne les connaissez pas beaucoup. Déjà, leurs vibrations vous permettent de vous faire une opinion.

Avez-vous remarqué comme on se sent bien dans l'entourage de personnes optimistes ? C'est dû à leurs vibrations. On s'éloigne inconsciemment de la catégorie contraire, et si on avait le choix, on l'éviterait.

Souvent, ce sont des gens d'une belle apparence, dotés d'une forte personnalité. Cependant, ce qu'ils dégagent est loin d'attirer l'ensemble des personnes. Pourquoi ? Inconsciemment, les gens optimistes les fuient. Si, pour certaines raisons, vous devez obligatoirement les côtoyer sur le plan familial ou professionnel, après votre rencontre, leurs vibrations ont déteint sur vous. Pendant quelques minutes ou quelques heures, selon le contrôle que vous exercez sur vos pensées, vous vivez des réactions négatives.

À moins que vous soyez du même type de tempérament, soit critique, toujours mécontent de tout et de rien, aimant mieux hisser son mécanisme de pensée aux gouvernes de l'insouciance plutôt que de faire l'effort de bien le contrôler afin de s'assurer d'une bonne gestion. Selon des statistiques précises, nous véhiculons plus de 38 800 pensées par jour. La gestion d'autant de pensées est un sport qui demande un entraînement continuel, c'est-à-dire une surveillance permanente, autant que possible, de ses pensées.

La personne qui contrôle son mécanisme de pensée, et qui s'efforce d'entretenir d'une façon constante sa bonne gestion, émet des vibrations bienveillantes. Tout son être est comme un rayon de soleil dans la vie.

Bien dans sa peau, elle est calme, sereine, détendue, même lors de situations troublantes. Elle garde un contrôle parfait de ses pensées, unilatéralement, de ses énergies vibratoires. Vous connaissez sûrement plusieurs personnes de ce type. Sinon, remettez-vous en question. Pourquoi n'attirez et ne fréquentez-vous pas seulement ou presque exclusivement ce genre de personnes ?

Peut-être n'avez-vous jamais réellement pris conscience que vous étiez du groupe qui ignore ou qui oublie de gérer ses pensées ? Résultat : vous attirez et vous êtes attiré par des gens tels que vous.

Chapitre 2
Les pensées collectives

LA COLLECTIVITÉ,
C'EST UN BATAILLON DE FORCE ÉNERGÉTIQUE,
UNE PUISSANCE

Souvent, l'effet boule de neige se véhicule au sein d'un groupe. Par exemple, une rumeur circule : une entreprise est en difficulté financière et la fermeture est probable. En moins de deux, tout le personnel dramatise la situation, s'imagine le pire, se retrouve au chômage avec toutes les conséquences : se trouver un autre emploi, subir une perte de revenus, vivre dans l'insécurité, etc.

Tant et aussi longtemps que la rumeur n'est pas démentie, tout le monde pense, parle et vibre négativement, en plus de vivre sous l'emprise des angoisses, de la panique et des inquiétudes, qui sont aussi des vibrations négatives.

Si, au contraire, le même groupe de gens avait pensé différemment, et, malgré cette rumeur de fermeture, avait gardé une pensée confiante et certaine que leur emploi n'était pas menacé, si ces personnes s'étaient assurées de ne véhiculer que des conversations objectives, en évitant toute pensée négative, si elles avaient pensé **solution,** elle auraient sauvé ensemble leur emploi et l'entreprise vivrait encore.

Gérer du négativisme est plus facile. Depuis toujours, le nombre d'adeptes dépasse l'imagination.

Avez-vous remarqué que la pensée négative a autant de force que la pensée constructive ? Je dirais, plus encore, parce qu'elle ne demande aucun effort. C'est naturel à l'homme de penser ainsi.

Souvent, les gens me disent : « Ma maison ou un autre bien ne se vend pas, j'ai pourtant appliqué toutes les techniques enseignées. » Je leur demande : « Êtes-vous certain que votre conjoint veut vendre ? » En apparence, il a accepté cette transaction, mais dans son for intérieur, qu'en est-il ?

L'opération sera retardée jusqu'au jour où il consentira à cette vente. Le mécanisme de pensée change, les vibrations seront transmutées, la vente se fera.

Dans une démarche solitaire, la réussite est certaine si les pensées sont bien contrôlées sur le sujet. Lorsqu'il y a un partenaire ou un groupe impliqué, tous doivent viser le même objectif. Je ne sais pas qui a dit : « L'union fait la force. » Il avait raison. L'union n'est pas seulement établie en nombre physique de personnes, mais aussi en présence psychique. Une récession survient. Pourquoi ? Parce que les médias s'acharnent tous les jours à véhiculer cette idée sans réfléchir aux conséquences désastreuses de ces informations. Ils créent un climat d'insécurité sociale à un point tel que cette situation devient dramatique et que des milliers de personnes sont victimes de cette récession économique.

Heureusement pour la société, il y a des milliers d'autres personnes qui s'y sont opposées. Avec force et courage, elles contrôlent non seulement leur portefeuille financier, mais gardent également des pensées objectives. Ces gens ont vécu ce malaise social avec un résultat : LA RÉUSSITE.

La pensée crée, c'est une énergie. Analysez certaines circonstances de votre vécu. Parfois, vous avez été gagnant d'une situation parce que vous avez parfaitement maîtrisé votre mécanisme de pensée. Ignorant de sa grande puissance, vous vous êtes quelquefois laissé dominer par les événements. D'un laisser-aller naturel, vous avez subi la situation en omettant d'utiliser vos forces de la pensée. Résultat : DÉCEPTION.

Même sans aucune connaissance, il est naturel pour l'homme de savoir que ce mécanisme existe et que celui-ci est puissant. Par ignorance, il n'entretient pas cette faculté. Il vit une désinvolture sans conditions, prêt à subir les influences du partenariat ou du social.

Le jour où l'on prend conscience que tout commence par LA PENSÉE, l'entraînement peut débuter afin d'expérimenter jusqu'où elle va. Avec émerveillement, vous constaterez toute sa PUISSANCE. Vous ne résisterez pas à fournir les efforts pour voir se concrétiser les résultats impressionnants dans votre vie.

LA PENSÉE MAÎTRISE TOUT

La santé physique et psychologique, la vie affective, les réussites... Quand je dis RÉUSSITES, elles sont de toutes formes : familiales, relationnelles, financières, scolaires, sportives, etc. Cela ne dépend que de vous. Le « vous » n'est pas exclusivement la personne physique. C'est aussi le « vous » intérieur : LA PENSÉE.

Certains diront qu'ils sont trop vieux pour changer, d'autres objecteront que c'est impossible parce que, depuis leur tendre enfance, ils ont évolué dans un milieu familial négatif où cette vibration était la reine.

C'est un choix. Voulez-vous changer, oui ou non ? Si c'est oui, l'âge et le milieu n'ont rien à voir. Vous seul avez le pouvoir de prendre cette décision.

Lorsque vous comprendrez que l'effort investi dans votre démarche pour changer vous apportera une récompense extraordinaire, vous n'hésiterez plus. Éliminez les vieux patrons ancrés dons votre subconscient, qui méritent d'être balayés parce que votre vie en dépend.

Changer sa pensée, c'est changer l'homme

Le prix, c'est l'effort. Préférez-vous continuer votre vie dans l'échec et le malheur ? Maintenant, une seule décision de votre part et vous serez désormais sur la voie de la réussite. La vie dont vous avez toujours rêvé, mais que vous avez subie au lieu de la gérer, dépend de LA décision.

Pourquoi continuer à vivre en vous laissant porter par les événements quand vous savez maintenant que tout est de votre propre responsabilité ?

Vous aimeriez sûrement dire : « Oui, je sais, mais moi, je ne suis pas assez intelligent, je n'ai pas eu de chance, je ne suis pas instruit, mes parents sont divorcés, mon père ou ma mère est alcoolique et peut-être toxicomane, mon milieu n'est pas favorable à une telle démarche, ma santé est… », et j'en passe.

Bravo ! La brochette d'excuses est parfaite. Voulez-vous continuer à subir la vie sans croire que la solution existe peut-être en VOUS ? Sans même fournir un petit effort, déjà, vous acceptez la défaite et vous dites non au succès.

Vous croyez que je souscris à ce genre de réflexions ? Eh bien, oui. Je trouve regrettable et dommage qu'une personne ne se donne pas la CHANCE de réussir. J'ai compris que ma mission n'était pas de changer le monde, mais bien de livrer un message d'espoir et de réussite par l'entremise de techniques garanties. Des milliers de personnes ont prouvé qu'elles avaient fait leur premier pas en changeant leurs pensées, et leur vie est dorénavant en parallèle avec leurs convictions. ELLES PENSENT.

Ceux qui disent NON à leur évolution répètent le plus souvent : « Je n'ai pas de chance » ou encore « Quand la chance est passée, je n'étais pas là. » Dans leurs pensées obscures, ils ne peuvent pas voir cette chance. Durant leur vie, je suis convaincu qu'ils ont reçu une information pour les inviter à changer leurs pensées. Cependant, ils ont fait la sourde oreille. Ils ne comprennent pas qu'encore une fois madame LA CHANCE leur offre une opportunité. Ils la laissent s'évanouir à nouveau sans même se poser une seule question.

L'Être Suprême est juste. Chacun de nous, à notre arrivée sur Terre, avions notre petit sac de chance dans notre bagage de personnalité contenant nos qualités, nos dons et aussi une certaine quantité de défauts qui font l'équilibre de l'être humain et qui permettent à chacun de travailler sur sa personne.

Ceux qui disent NON présentent un défaut prédominant dans leur personnalité : LA PARESSE. Ils préfèrent ne rien faire. De cette façon, ils ont la belle excuse. Dans leur for intérieur, ils savent qu'il y a un minimum d'efforts à fournir. Comme l'effort demande une dose de courage et de volonté, il vaut mieux, pensent-ils, continuer dans l'ignorance de ses possibilités plutôt qu'imaginer une grande réussite au prix de l'effort.

En réfléchissant, vous vous demandez si on peut, par nos pensées, changer notre conjoint, nos enfants, nos parents ou amis. Non ! C'est une prise de pouvoir. Oui ! Pour cela, il faut, au départ, que la gestion de vos pensées soit déjà une force motrice dans votre vie. En maîtrisant votre mécanisme, vous arriverez à influencer votre entourage. Des centaines de fois, on m'a dit : « Mon conjoint n'est plus le même, les enfants sont beaucoup plus calmes et studieux, ma relation avec ma... est tout à fait différente » ou encore « L'ambiance familiale a totalement changé. » C'est seulement dû au changement de la personne qui s'est impliquée. Inconsciemment, les autres ont changé.

Prenons l'exemple d'une maman qui vit sa vie en fonction de sa famille. Elle se dévoue corps et âme pour son conjoint et ses enfants. D'une générosité sans bornes, elle se donne 24 heures sur 24 : cuisine, ménage... Elle pourvoit à l'éducation, s'improvise infirmière, oublie de prendre du temps pour elle. Un jour, sans comprendre, prise dans l'engrenage de la routine, elle s'affole, devient frustrée, insupportable. Mari et enfants l'exaspèrent, elle courtise le négatif en permanence et CRAC !, elle n'arrive plus à avoir la maîtrise d'elle-même.

Cette situation entraîne bien souvent des disputes, querelles et discordes pour en arriver à une séparation. Elle se dit et croit être la femme la plus malheureuse. Elle pleure sur elle-même, blâme tout le monde. Pendant des années, elle s'est occupée de tout un chacun, elle a géré le budget, la maison, les études et plus encore, mais elle a oublié de gérer sa vie et ses pensées.

Comment pensait-elle ? Elle ne voyait que l'aspect négatif des situations de vie, se disant que c'est par AMOUR qu'elle se sacrifiait.

On n'aime pas par dévotion ou sacrifice. Aimer, c'est se donner et c'est GRATUIT. Si elle avait vraiment aimé, elle aurait commencé par s'aimer elle-même.

À tout problème, il y a une solution. Le jour où madame saisira SA chance, celle que l'Univers lui présentera, pour découvrir que tout est régi par la pensée, elle pourra changer sa situation de vie en commençant par le début : APPRENDRE À PENSER. Ne veut-elle pas le bonheur de tous ? Évidemment, si elle était honnête dans ses sentiments envers les autres, elle accepterait et ferait l'effort de corriger sa manière de penser.

L'exemple exposé s'applique à tous les niveaux : relations amicales, patronales, avec des collègues de travail, entre coéquipiers d'une société ou d'une activité sportive...

Que pensez-vous d'eux ? « Ils ne m'aiment pas, ils sont jaloux, ils me critiquent », et plus encore. Vous croyez ces hypothèses ? C'est donc ce que vous pensez. Rectifiez votre façon de penser envers eux, imaginez qu'ils vous aiment, vous apprécient, vous admirent, et vous constaterez très vite une grande différence.

Quelquefois, une incompatibilité de caractère survient. C'est normal, les êtres humains ne sont pas identiques. Apprenez à les ACCEPTER en pensée sincère, ARRÊTEZ de les juger. APPRENEZ à les aimer tels qu'ils sont. Je sais qu'il est difficile au début d'oser croire que par la pensée on modifie l'esprit tordu de certaines personnes. Vous croyez que c'est un tour de force irréalisable, car ils pensent comme ceci ou comme cela.

Ne vous préoccupez pas de transformer leur façon de penser. Occupez-vous, VOUS, de corriger la vôtre. Les résultats seront impressionnants. Si vous échouez avec certaines personnes parce qu'elles ne se transforment pas envers vous, vous aurez quand même gagné. En véhiculant des pensées pures d'amour et de paix, elles vous seront indifférentes et le malaise que vos relations vous faisaient vivre sera remplacé par des ondes de pensées euphoriques.

Le bonheur, ça commence en pensée

Une maladie importante de notre planète réside dans les questions : « Que vont-ils dire ? Que vont-ils penser ? » La Terre est peuplée de deux mondes : les constructifs et les négatifs, les bons et les méchants, les honnêtes et les vicieux. Il ne faut pas croire et s'illusionner que, parce que vous modifiez votre manière de penser, toute la planète sera transformée du jour au lendemain. C'est rêver en couleurs !

Soignons-nous nous-mêmes, laissons les autres s'occuper d'eux-mêmes. Aujourd'hui, il s'agit de votre propre prise en charge. Occupez-vous de l'excellente gestion de votre mécanisme et vous récolterez les résultats espérés, c'est-à-dire LA PAIX INTÉRIEURE.

Chapitre 3
Se guérir par la pensée

LE MIRACLE D'UNE GUÉRISON, C'EST DES PENSÉES DE SANTÉ

Contrairement à ce que l'on croit, ce n'est pas le cerveau qui crée la pensée. Il ne fait que permettre à la pensée d'être captée. Il a été conçu par l'Être Suprême uniquement dans le but de saisir les pensées venant de l'esprit de notre être, de les transformer en électricité, de les amplifier et de les propager à travers tout notre corps.

Le cerveau se branche sur les différentes fréquences de pensée. Pour cela, il est doté d'une très puissante commande, la glande hypophyse. Le corps pituitaire situé entre les hémisphères droit et gauche du cerveau en active les différentes parties afin de capter toutes les fréquences de pensée.

La plus grande richesse de l'être humain n'est pas les cinq sens : la vue, l'ouïe, l'odorat, le goût et le toucher, c'est le mécanisme de PENSÉE.

En évoluant dans les sphères supérieures, transcendant dans différents corps et différentes formes de vie, le but est d'atteindre la perfection de l'esprit, la PENSÉE.

Avec l'évolution des temps et toutes les connaissances acquises sur la vie après la mort, il faut admettre que non seulement cette éternité existe, mais que nous la vivrons avec l'esprit de la pensée.

Conscient de cette conclusion à notre évolution, pourquoi ne paierions-nous pas le prix de l'effort pour améliorer notre qualité de pensées ? Que de merveilles réaliseriez-vous en étant conscient de cette grande force qui vous habite depuis toujours.

Comment réagiriez-vous après un bref examen médical si votre médecin vous disait : « Nous allons faire une série de tests afin de confirmer votre état de santé. » La gorge remplie d'émotions et d'inquiétudes, vous rétorqueriez : « Docteur, selon vous, qu'est-ce que j'ai ? » Sans vouloir vous inquiéter inutilement, cela ressemble à un début d'infection. Je ne peux me prononcer tant que je n'aurai pas les résultats en main. Il faudra attendre environ deux semaines. Alors, je vous verrai dans une quinzaine. Prenez immédiatement votre rendez-vous avec ma secrétaire. »

Dans l'attente d'une confirmation médicale, vous nourrissez-vous de pensées, d'angoisses, de peurs, d'inquiétudes, de tristesse ? Sans vous en rendre compte, par vos pensées, vous alimentez votre infection, qui pourrait se développer en maladie grave. Par le fait même, vous activez l'évolution des cellules infectées, et plus elles sont nombreuses dans votre organisme, plus l'emprise sur votre système immunitaire sera forte, jusqu'à perdre le contrôle de vos forces vitales. La maladie aura gagné un candidat de plus.

J'ai vécu cette bataille, je vous comprends très bien. Rassurez-vous, la possibilité existe de gagner cette guerre microbiologique d'un virus appelé « maladie X ».

Il y a quelques années, au début du mois d'octobre, à mon réveil, je constate que je suis aveugle de l'œil gauche. Je panique, bien sûr. Je cours vite à la clinique médicale pour avoir le diagnostic du médecin. Il m'annonce que ce n'est rien de grave, que je fais une simple infection ou, plus précisément, une légère infection. Il me prescrit des gouttes en me disant de ne pas m'inquiéter. À la question de savoir combien de temps il faudra au médicament pour agir avant que je retrouve la vue, il m'informe d'un délai de deux semaines au maximum. Je retourne chez moi, confiant, après avoir acheté le médicament à la pharmacie.

Le seul symptôme était l'obscurité totale de l'œil gauche. La douleur était inexistante. Une dizaine de jours plus tard, la douleur s'installa avec conviction autour de l'orbite, et elle persista.

Selon les recommandations de mon entourage, je décide de consulter un autre médecin pour avoir un deuxième avis médical. Après quelques instants, il m'enjoint de me rendre à l'urgence de l'hôpital le plus proche. Durant mon déplacement, il téléphona à l'ophtalmologiste de garde afin de gagner du temps.

Sans aucune autre information, je quitte son cabinet en direction de l'hôpital. Il était environ 20 h. Arrivé sur les lieux, trois spécialistes me renvoyèrent de question en question, d'examen en examen. Cette course aux questions et aux examens dura 18 heures consécutives, sans savoir exactement ce que j'avais.

Chose certaine, c'était TRÈS GRAVE. On m'avait confirmé que les yeux étaient deux organes indépendants et que l'œil droit était hors de danger. On me donna congé parce que c'était samedi et que tous les centres d'analyses étaient fermés. Je dus donc revenir le lundi matin pour rencontrer le docteur M. de Montréal, le plus grand ophtalmologiste.

Mêmes questions, mêmes types d'examens. Il ne pouvait pas se prononcer avant d'avoir reçu les expertises du laboratoire. Avant de quitter le cabinet, il m'annonce une hospitalisation d'urgence dans les prochains jours.

Le mercredi, à 16 h 30, une secrétaire de l'hôpital me téléphone. « Monsieur Sévigny, soyez à l'hôpital ce soir à 19 h, et à l'heure précise. »

Du vendredi soir au mercredi 19 h, tout s'est passé tellement vite que je n'ai pas eu le temps de me laisser envahir par les angoisses. J'avais réalisé que c'était très grave. Jusqu'à quel degré cette étrange maladie empruntait sur ma vie des droits non autorisés ? J'ai gardé mon contrôle de pensée, convaincu que j'avais l'emprise énergétique de mes pensées sur la maladie ou sur la cause inconnue de cette situation.

À 21 h 30, le rythme de ma vie s'est arrêté, dans une chambre d'hôpital, face à l'inconnu. J'ai vécu avec cet inconnu durant 13 jours. Le SABOTEUR, celui qui cherche à prendre le contrôle de mes pensées et à les rendre négatives, était au rendez-vous. Nous avons mené une guerre de 13 jours. Les angoisses étaient l'arme destructrice de mon esprit. Une épée à la lame d'inquiétude qui vise à retrancher l'optimiste à la réalité. J'ai vécu des crises d'angoisse aiguës durant lesquelles la bataille a été dure. J'avais le souffle coupé et des crampes au bas-ventre dans une attitude de souffrance.

Heureusement, je reprenais vite la situation en main. Je craignais de me laisser voler le contrôle de ma pensée. J'expérimentais aussi toute l'ampleur démesurée des forces d'attaque du Saboteur. J'avais plus peur de mes pensées négatives que de l'inconnu.

Par mes pensées constructives, je neutralisais cet inconnu, c'était mon but. Avec difficulté, je réussissais à garder la maîtrise à 95 %. Une précision à apporter : je ne prenais aucun sédatif, je refusais même ceux qu'on me proposait pour dormir.

Le treizième jour, deux ophtalmologistes m'annoncent les résultats : peut-être le début d'une tuberculose ou simplement une particule de poussière ou de sable du désert qui se serait logée à l'intérieur de l'œil et qui aurait bloqué l'orifice d'oxygène de celui-ci. De toute façon, mes chances de retrouver la vue étaient très minces et l'opération était obligatoire.

Non seulement l'espoir de réussite était faible, mais les conséquences étaient lourdes : l'œil gauche serait dilaté ou atteint de strabisme, c'est-à-dire qu'il loucherait à l'extrême gauche ou l'extrême droite. De plus, je pouvais devenir borgne.

Je questionne la spécialiste : « Serait-il possible de loucher comme Barbra Streisand ? » (grande vedette américaine de la chanson et du cinéma). Elle me regarde, étonnée, et me répond catégoriquement par la négative.

Pourquoi m'informai-je sur l'axe de mon œil à la Streisand ? Je lui trouve un genre sexy que j'aime beaucoup. Tant qu'à loucher, je préférais choisir mon modèle !

Les résultats ont été ceux de mes pensées. J'ai vaincu cet inconnu, j'ai mon regard Streisand, je suis borgne.

Je ne pouvais pas guérir de cet inconnu. Je pouvais seulement minimiser les dégâts. Au moment où je suis devenu aveugle, il aurait fallu que l'opération se déroule dans les 15 minutes, une situation impossible. Quatre-vingt-quinze pour cent de mes pensées étaient axées sur la réussite logique. J'ai gagné.

C'est grâce à l'utilisation du CANAL ÉNERGÉTIQUE que j'y suis arrivé. Actuellement, nombre de personnes ont gagné des batailles magnifiques avec cet inconnu : cancer, céphalée d'Horton, eczéma, psoriasis, allergies et plusieurs autres. Des milliers de personnes ont réalisé l'irréalisable.

Avez-vous remarqué que la science n'a pas encore de solutions médicales pour les maladies mentionnées ? Pourtant, ces personnes ont réussi.

Dans leur cas, les béquilles de la médecine ou un traitement garanti étaient inefficaces. Aucune solution miraculeuse n'avait été découverte pour eux. Leur moyen résidait dans la PENSÉE. Ils ont CHERCHÉ, TROUVÉ et APPLIQUÉ une technique, sachant qu'il n'y avait pas d'autres solutions.

Lachenaie, 1994

Il y a 15 ans, lors d'un voyage à La Barbade, des maux de tête qui m'étaient inconnus se manifestèrent tous les soirs à 19 h. De retour à Montréal, commencèrent les visites chez les médecins et dans les hôpitaux, pour passer des tests de tous genres. Deux années passèrent et on ne découvrit aucune anomalie. Les médecins me dirent que c'était du stress.

La douleur quotidienne devint de plus en plus forte, les crises s'amplifièrent, une douleur atroce du côté droit de la tête se fit sentir sans arrêt, jusqu'à la découverte de produits naturels. J'étais un maniaque de ces produits. Mes trois repas par jour étaient composés de produits naturels, tout mon entourage m'encourageait à continuer dans cette voie. Les crises persistèrent toujours, malgré des traitements d'acupuncture, d'homéopathie et d'autres médecines douces, qui étaient, à mon avis, dispensés par des charlatans assoiffés d'argent.

Je continuai à souffrir énormément, j'avais très mal. Après la cinquième année, et à la suite de tous les tests possibles, plus rien ne m'arrêta. Lors d'une crise, j'avais mal aux dents. Deux jours après, j'étais chez le dentiste en le suppliant de faire l'extraction de deux molaires. Ensuite, un petit tour chez l'optométriste, puis une visite chez l'O.R.L. Rien, mais rien à faire ; j'eus beau me battre, chercher de l'aide, qui aurait pu m'aider puisque les médecins ne pouvaient rien eux-mêmes ? Un médecin m'avait même dit que j'avais une maladie, croyait-il, et que j'allais bientôt mourir. Donc, mes jours étaient comptés.

Lors d'une visite annuelle chez mon dentiste, un Vietnamien, je lui racontai mon problème de maux de tête. Une semaine plus tard, il me téléphona à la maison pour me dire que j'avais probablement ce qu'on appelait « la maladie de Horton ». Je commençai donc à faire des recherches de mon côté, et quelques semaines plus tard, tout en zappant, je vis à la télévision un médecin qui parlait de cette maladie récente et presque inconnue. Enfin, quelqu'un savait ce que j'avais. De bons médicaments me furent prescrits et je fus soulagé.

Quelques années passèrent, la maladie était toujours présente. J'augmentai les médicaments, car les crises revinrent lentement, de plus en plus fortes. On dut me faire des intraveineuses dans la tête pour me soulager.

Me voilà sur le chemin du découragement, du désespoir, et les paroles d'un médecin me disant que les gens atteints de la maladie de Horton se suicidaient après quelques années de souffrances si terribles...

C'est alors que Jean-Guy, un voisin, m'apporta le livre Gestion de la Pensée. *Ma première réflexion fut : « Un autre livre à cinq cents », car Jean-Guy ajouta : « André, je vais faire une programmation pour toi », et il me conseilla de lire ce livre.*

La curiosité l'emporta et j'attaquai les premières pages. Après l'avoir lu, je décidai de suivre le cours. À mon tour, je fis des programmations et de légers résultats se firent sentir. Je relus le livre et les notes de cours et, semaine après semaine, j'allai mieux.

Ça marche ! C'est efficace, car mes crises ont aujourd'hui disparu à 80 %, et je fais toujours des programmations.

À vous tous, laissez-moi vous dire que j'ai connu l'enfer, j'ai été sur ce qu'on appelle « la ligne sans retour ». Aujourd'hui, en décembre 1994, je suis heureux, soulagé de cette maladie chronique.

Merci, Daniel Sévigny, de m'avoir sauvé en me donnant des outils de guérison. Émettre des pensées positives vous donne une nouvelle vie, et c'est la pure vérité.

André Poirier
de Lachenaie

Se fier à la science médicale, c'est normal et très bien. Toutefois, vous pourriez GUÉRIR beaucoup plus vite en jumelant à la science votre pouvoir de la PENSÉE.

Aujourd'hui, vous êtes en bonne santé. Pour connaître ses facultés d'autoguérison, il ne faut pas attendre d'être face à l'inconnu ; c'est maintenant qu'il faut entreprendre une démarche. Le but de cet ouvrage est de vous sensibiliser et non de vous enseigner.

Vous êtes avec cet inconnu, ou vous pouvez l'identifier. Soyez attentif à vos pensées et nourrissez-vous de PENSÉES DE GUÉRISON, DE BONHEUR, D'AMOUR, DE JOIE, etc.

Vous pensez que c'est une idéologie impossible. Observez comment vous pensez. Vous n'avez rien à perdre. Au contraire, saisissez cette chance. D'autres ont réussi des merveilles, faites-vous confiance.

Une fois pour toutes, cessez de vous plaindre de ceci et de cela. Utilisez l'arme gagnante sur l'emprise de votre santé : LA PENSÉE.

Chapitre 4
Madame La Chance

Madame La Chance existe-t-elle ? Certains me diront oui et d'autres non. Ce que j'entends le plus souvent, c'est : « Chacun fait sa chance. »

En effet, selon moi, LA CHANCE EXISTE. Cette intervention est régie par la PENSÉE. Pensez « chance », il en est ainsi, pensez « malchance », il en est de même. Depuis des années, je véhicule cette méthodologie et j'ai constaté que celui qui a une chance remarquable a tout simplement pensé « chance ». En agissant ainsi, il est objectif et est à l'affût dès que l'occasion se présente. Il s'en sert comme étant sa chance.

Qui plus est, plus vous gérez vos pensées, plus votre taux énergétique est élevé et, automatiquement, votre communion avec l'Univers est en symbiose. Vous remarquerez que vous vivrez beaucoup d'occasions impressionnantes. Des expériences que, dans un premier temps, on accorderait à madame La Chance, mais qui, dans la réalité, découlent de votre propre énergie qui, étant de plus en plus élevée, attire des expériences heureuses quotidiennement, des clins d'œil de la vie, et aussi augmente notre taux vibratoire en communion avec la loi de l'attraction.

Celui qui est déprimé et malheureux, qu'espère-t-il de la chance ? Pour lui, c'est la solution miracle : le gros gain à la loterie, au tiercé ou au casino. Toute sa vie, il la vit en rêve et l'espère, sans jamais la côtoyer. Pourtant, la chance s'est présentée sous différents aspects au cours de sa vie, mais aveuglé par le découragement, il ne l'a pas reconnue.

Pourquoi quelqu'un gagne-t-il à la loterie, ou à d'autres jeux de hasard, alors que tant d'autres, éperdus de rêves, y perdent toutes leurs illusions ? Pourquoi telle personne, qui ne demandait rien, est-elle propulsée vers la gloire parce qu'un producteur de cinéma l'a remarquée dans la rue ? Pourquoi d'autres ont-ils de la facilité à se réaliser alors qu'il y en a tant qui bûchent depuis toujours pour s'en sortir ? Pourquoi certains semblent-ils comblés par le bonheur alors que d'autres sont continuellement affublés de difficultés ?

Existe-t-il des principes, des recettes à suivre pour attirer la chance ? Est-on plus ou moins malchanceux selon sa naissance, sa famille, son pays ?

Selon Henri Prémont (*Cap sur la chance*, Éditions de Mortagne), les mathématiques n'apportent guère de réponse à ces questions. La chance est tout aussi irrationnelle que fugace et, pourtant, il y a des séries de chance comme il y a des séries noires. En fait, on distingue deux types de chance : le type actif et le type passif.

Un sociologue canadien a essayé, il y a plus de 30 ans, de cerner d'aussi près que possible le type actif. Il a questionné des centaines de personnes qui avaient de la chance dans la vie, et, en analysant leurs réponses, il a pu en déduire deux principes de base.

Le premier est que les personnes qui ont de la chance ont un trait de caractère commun : elles adressent la parole à n'importe qui. En d'autres termes, elles n'ont jamais peur des autres et elles n'hésitent pas à poser des questions autour d'elles, soit pour se faire aider, soit pour récolter un tuyau intéressant.

Les timides seraient donc exclus de la foire à la chance, et ils devraient se débarrasser de leur timidité le plus vite possible.

Le second principe de base de la chance serait le suivant : quand quelqu'un met en branle un projet, une entreprise, il doit toujours prévoir une solution de rechange, au cas où cela tournerait mal. Autant dire qu'il ne faut jamais mettre tous ses œufs dans le même panier : il vaut mieux risquer seulement la moitié de ce que l'on a plutôt que de faire face à une perte énorme.

Personnellement, je ne suis pas de cet avis. Même si, parfois, il y a des situations troubles au niveau relationnel, par exemple une séparation, un divorce, des indépendants qui ont de la difficulté à rencontrer leurs obligations de fin de mois, un licenciement imprévu, etc. En gérant vos pensées dans les règles de l'art, vous réaliserez que chaque expérience est une leçon de vie et vous aurez tous les outils pour passer au travers avec facilité.

Vous dire qu'en gérant vos pensées vous serez exempts d'imprévus, de problèmes, d'expériences négatives, serait une **absurdité**. Cependant, en appliquant vos connaissances lors de situations négatives, vous vous en sortirez rapidement et les déceptions seront vite remplacées par des solutions avantageuses. C'est là que vous réaliserez l'importance de bien GÉRER VOS PENSÉES.

Je ne sais pas qui a dit : « Le hasard n'existe pas, c'est une loi qui voyage incognito. » Je suis de cet avis. Je ne crois pas au hasard, je crois aux forces extrêmes de la pensée.

Mon porte-bonheur

Le temps passe, les modes changent. C'est la même chose pour les porte-bonheur. Aux environs de 1960, la mode était aux « pattes de lapin ». Il y en avait de toutes les couleurs, de toutes les grosseurs. Tout le monde avait sa patte de lapin.

Les années passent et les modes changent. Mais le porte-bonheur est toujours présent. Pour vous faire une liste de ce qui existe, j'aurais besoin de deux pages au moins, c'est incroyable !

Depuis toujours, on commercialise porte-bonheur, amulette, fétiche, grigri et talisman. La seule et unique vérité, c'est que c'est vous qui lui avez donné énergétiquement la vocation de PORTE-CHANCE, par la pensée. Soyez assuré et convaincu que peu importe l'objet que vous authentifierez comme porte-bonheur, il assumera parfaitement son rôle. C'est une question de croyance, donc de pensée.

Lorsque vous achetez un objet et que le vendeur vous assure qu'il est bénéfique, vous le croyez, vous le pensez, c'est vous qui le rendez MAGIQUE. Le jour où vous déciderez qu'il n'a plus aucun pouvoir fantastique, il n'en aura plus.

Les premiers fétiches furent des cailloux portant des marques particulières, et depuis, les hommes ont toujours recherché les « pierres sacrées ». Encore aujourd'hui, en Amérique du Sud, on donne souvent un caillou ramassé au passage en guise de porte-bonheur, symbole de chance, un souvenir.

Un collier était jadis une collection de pierres sacrées, une trousse d'amulettes. Bien des tribus eurent des pierres fétiches, mais peu de ces fétiches ont survécu, comme la Pierre noire de la Kaaba et la Pierre de Scone. Le feu et l'eau figurèrent aussi parmi les premiers fétiches. L'adoration du feu ainsi que la croyance à l'eau bénite survivent encore.

Certains jours de la semaine étaient des fétiches. Pendant des âges, le vendredi a été considéré comme un jour de malchance et le nombre 13 comme mauvais. Les chiffres heureux trois et sept virent des révélations ultérieures. Le quatre était le chiffre de chance des primitifs parce qu'ils avaient reconnu de bonne heure les quatre points cardinaux.

La salive était un puissant fétiche ; on pouvait chasser les démons d'une personne en crachant sur elle. Le plus grand compliment des aînés ou des supérieurs consistait à cracher sur vous. Certaines parties du corps humain furent considérées comme des fétiches potentiels, en particulier les cheveux et les ongles. Les cordons ombilicaux étaient des fétiches hautement appréciés et le sont encore aujourd'hui en Afrique. Le premier jouet de l'humanité fut un cordon ombilical conservé. Orné de perles, comme on le faisait souvent, il fut le premier collier des humains.

Nombre de personnes considéraient les génies comme des personnalités fétiches, possédées par un esprit sage. Ces hommes de talent apprirent bientôt à recourir à la fraude et à des stratagèmes pour servir leurs propres intérêts. On croyait qu'un homme fétiche était plus qu'humain ; il était divin, voire infaillible. C'est ainsi que les dirigeants, rois, prêtres, prophètes et chefs d'Église finirent par disposer d'un grand pouvoir et par exercer une autorité démesurée*.

De tout temps, le mouvement porte-bonheur ou fétichiste a existé. Certains ont disparu, d'autres vivent encore dans l'esprit des gens. C'est une question de croyance, de pensées. Qu'en pensez-vous ?

---

* Henri Prémont, *Cap sur la chance*, Boucherville, Éditions de Mortagne, 1993. Une partie du texte est aussi tirée du site portant sur le *Livre d'Urantia* : http://la.cosmogonie-urantia.org/en_ligne/fascicule_088.htm.

Chapitre 5
La vie matérielle

LA RÉALISATION DU PLAN MATÉRIEL SE RÉALISE EN PENSÉE !

Le monde actuel se bat pour le confort et les plaisirs qui se veulent, admettons-le, une forme de bonheur illusoire.

Depuis la tendre enfance, on évolue dans une société de consommation. Cela commence dès le début de notre existence parce qu'il faut étudier pour réussir sa vie. Sinon, on peut toujours courir après la réussite. On évolue dans l'esclavage d'une doctrine de la société : RÉUSSIR, C'EST LE BONHEUR.

Le bonheur n'a rien à voir avec la réussite financière. C'est un état d'esprit régi par la pensée. Comme depuis toujours, on associe la réussite au bonheur, on se bat chaque jour dans la course aux études pour, une fois arrivé au terme de ce cheminement, voir enfin les portes de la réussite s'ouvrir toutes grandes sur le chemin de la gloire. ILLUSION !

Les jeunes d'aujourd'hui sont réalistes. L'illusion que nous avons vécue, eux, s'y refusent. Ils ne veulent pas bâtir leur avenir sur du rêve, mais sur du concret. C'est pour cela que maintenant, dans tous les pays du monde, les systèmes d'éducation flanchent. Dans la crise d'adolescence, les étudiants préfèrent DÉCROCHER plutôt que de se laisser manipuler par le système.

Pourquoi tant de jeunes décrochent-ils ? Par MANQUE DE CONFIANCE. Manque de confiance à atteindre ce bonheur illusoire.

Ils observent leurs parents, la société, et la peur les envahit. Ils se découragent et ils décident devant cette instabilité sociale de s'intégrer dans la société et de subir, malgré tout, les contrecoups de la vie.

Beaucoup d'entre eux décident de couper court au combat d'illusion. Ils se SUICIDENT. Pourquoi ? Pour exactement les mêmes raisons : ils n'ont plus confiance en l'avenir. Ils considèrent cette démarche trop lourde face à leurs fragiles notions de la vie. Ils pensent qu'en s'enlevant la vie, ils résoudront tous leurs problèmes.

Pourquoi, dans les écoles, quand ils atteignent 11 ou 12 ans, ne les informe-t-on pas des conséquences futures d'un esprit suicidé ? De nos jours, les jeunes sont très ouverts et curieux à propos des autres dimensions. Pourquoi les maintenir dans l'ignorance ? Donnons un nouveau sens à leur vie. Eux aussi ont droit à la vérité.

Les informations sur ce sujet ne sont pas concrètes ; les ministères de l'Éducation ne peuvent admettre une théorie pourtant plausible uniquement sur des hypothèses. Les données pleuvent dans ce domaine et toutes sont cohérentes. Qu'elles nous viennent d'Amérique, d'Europe ou d'Asie, toutes sont ennoblies d'une même logique.

On enseigne la religion, la morale, alors qu'un atelier sur le suicide développerait leur jugement. Onze et 12 ans, c'est loin d'être trop tôt. Chaque année, combien de ces jeunes âmes innocentes s'envolent dans le monde astral, ignorant le prix à payer pour leur évolution ?

Je suis souvent en contact avec des adolescents de tous âges. Vous devriez voir comme ils sont réceptifs aux informations. Dans leurs yeux brille cette joie absolue d'avoir appris quelque chose qui les touche : des questions restées sans réponse fondée et qui semaient un doute sur la vérité de l'enseignement moral.

Les bibliothèques sont inondées de livres sur le sujet : LA VIE APRÈS LA MORT. Donnons un sens réel au mot MORT.

Les enfants d'aujourd'hui, c'est le pouvoir de demain

Grande est la responsabilité de notre société qui éduque ces jeunes. Le résultat de notre futur n'est-il pas entre leurs mains ? Dès maintenant, on devrait se soucier sérieusement de ce cheminement. L'avenir serait plus sécurisant pour nous tous. Dans combien de temps nos responsables seront-ils sensibilisés à cette question ? J'ose croire que certaines têtes fortes utiliseront leurs pouvoirs de conviction pour améliorer rapidement le système.

Il y a beaucoup de personnes entre 15 et 20 ans qui sont curieux de comprendre comment fonctionne leur mécanisme de pensée. Depuis quelques années, le nombre de jeunes qui suivent ma formation est impressionnant. Ils sont motivés et appliquent toutes les notions sérieusement. Ils développent une très grande confiance en eux et ils croient en leur avenir. Ils savent instinctivement que c'est la base de données pour la réussite de leur vie.

Je me permets de féliciter les parents qui initient leur progéniture à la découverte de leur esprit conscient ou qui leur offrent la possibilité d'en apprendre la maîtrise en bas âge. Ma plus jeune élève avait huit ans.

Un jour, lors d'une conférence, deux jeunes filles, de 10 et 12 ans, viennent me voir à la pause en me disant : « Vous savez, nous, on gère très bien nos pensées... C'est notre maman qui nous initie à la *Gestion de la Pensée.* » Je suis étonné, et en même temps, fier des retombées de mon enseignement. Je leurs pose plusieurs questions, histoire de les tester. Peu importe le piège que je leur tends, elles ont toujours la bonne réponse. Quel bonheur !

Malgré les aléas de la vie, ces deux jeunes filles ont maintenant toutes les clés pour vivre une vie comblée et heureuse. Elles ne seront pas exemptes de situations troubles, mais sauront les gérer pour garder en elles la sérénité et la joie de vivre. C'est le plus bel héritage que des parents peuvent offrir à leurs enfants.

Et vous, quand déciderez-vous de prendre votre vie en main ?

Dans le milieu de la croissance personnelle, on constate que les jeunes ont soif de connaissances ; ils sont curieux et ils s'abreuvent de savoir avec beaucoup d'intérêt. Leurs pensées sont en course folle vers un futur peu reluisant. Ils cherchent des soupapes de sécurité.

Chapitre 6
Le manque de confiance
LA MALADIE DU SIÈCLE...

C'est toujours le même processus à 20, 30, 40 ans ou à tout âge. La grande cause du désespoir, c'est le MANQUE DE CONFIANCE.

Votre diplôme universitaire ou votre certificat spécialisé ne vous garantit pas d'être accompagné d'une forte dose de confiance en soi. Sans cet élément CLÉ, comment croyez-vous réussir votre vie professionnelle ?

Le plan matériel existe, nous y avons droit. Les énergies existent, nous y avons accès aussi, nous y sommes liés en permanence, c'est un tout. Bien que je me répète : **par vos pensées, vous avez le contrôle sur toutes les situations de la vie.**

Comment réagissez-vous et comment réfléchissez-vous dans les situations négatives de la vie ? Généralement, on ne pense que PROBLÈME, celui qui existe maintenant. Pourquoi ne pas penser SOLUTION ? Il ne s'agit pas de songer au mot « solution », mais bien de faire les affirmations appropriées que nous verrons plus tard pour régler aisément la situation. Certaines situations sont impressionnantes et comportent de multiples difficultés, c'est possible, mais en appliquant les notions partagées, vous sortirez victorieux de cette impasse.

Une pensée prend une seconde à faire le tour de la Terre et elle nous revient. En pensant PROBLÈME, quand en sortirez-vous ?

Dans votre entourage, vous connaissez sûrement quelqu'un qui a subi un revers de fortune. Il est resté accroché à ses succès passés, et dans une dépression lamentable, il continue à vivre avec son problème en blâmant associé, société ou autres. Depuis plusieurs années, il véhicule le même film de vie. Quand réagira-t-il ? Peut-être jamais. Sa vie s'est arrêtée avec l'échec et depuis ce moment-là, il a inconsciemment décidé de la subir et non de la VIVRE.

Vous connaissez aussi certainement quelqu'un qui, après un échec, a repris le bouclier de l'effort en DÉCIDANT de passer à l'action. En vivant avec une vision optimiste du futur, il laisse derrière lui l'échec, sachant qu'il ne peut rien y changer et, avec la garantie de ses pensées, s'assure une nouvelle réussite.

Il aurait pu vivre avec le même patron de pensée, il aurait obtenu le même résultat que l'autre. Il a réagi avec ses énergies pour résoudre son problème et recommencer sa vie. Comment ? En GÉRANT SES PENSÉES. Ses pensées sont axées sur **aujourd'hui** et non sur l'échec d'hier.

Même en devenant un maître de gestion de pensée, certaines situations de vie sont incontrôlables car imprévisibles. C'est ce que j'appelle les **INCIDENCES DE LA VIE.** La maladie, le feu, le vol, l'agression, les accidents sont tous liés à des explications énergétiques. Cependant, la mortalité est une fin en soi et aussi une continuation. On ne peut pas inclure la mort malgré la peine qu'elle occasionne dans les incidences de la vie, car c'est l'issue fatale pour tous, quoique parfois, elle frappe cruellement.

Les incidences de la vie sont là pour notre évolution. Nous pouvons subir l'incidence, rester attachés aux malheurs qu'elle nous cause ou encore réagir avec promptitude pour résoudre les problèmes et accepter en pensée les faits. Ainsi, nous continuons à évoluer et à grandir.

Nos pensées sont des énergies uniques. Grâce aux affirmations, nous solutionnerons facilement la problématique. Quand vous serez entraîné à utiliser l'énergie de l'Univers, vous aurez tous les éléments pour réussir votre vie selon vos attentes. Encore faut-il savoir penser : cela ne dépend que de vous et de votre entraînement, c'est-à-dire de l'effort que vous apporterez à écouter vos pensées. N'entretenez que des pensées aux vibrations d'amour, de bonheur, de joie, de succès, de santé, de réussite, de paix... Laissez les autres s'évanouir dans le néant. Évitez toute relation en pensée avec des conjectures négatives. Soyez vigilant, à l'écoute de vous-même, et neutralisez *subito presto* les pensées que le Saboteur adore véhiculer et dont l'emprise ne peut que détruire.

Je pense, donc je suis.

JE GÈRE...

GÉREZ...

Chapitre 7
La pensée EST une énergie

LA TÉNACITÉ :
MÈRE D'UNE BONNE GESTION...

Tout le monde connaît le mot GESTION, surtout appliqué en administration des finances. Dès que le terme « gestion » est utilisé, on l'associe à l'argent. Cependant, ce mot a beaucoup d'autres orientations. Qu'il soit ou non question d'argent, c'est par la pensée que s'impose le vrai principe de GESTION.

Vous croyez peut-être que je vais vous démontrer par des calculs savants comment gérer votre vie. Ce n'est pas par des éléments numériques que le service d'administration de l'Univers vous donnera les résultats escomptés. C'est par vos propres pensées et aussi grâce aux paroles que vous utiliserez. Chaque pensée émise et chaque parole prononcée d'une manière consciente et inconsciente sont émettrices d'énergie. Il faut s'entendre penser, il faut s'écouter parler.

LA PENSÉE CRISTALLISE LA PAROLE

Très peu de personnes sont sensibilisées à cette force. Pourtant, elle est une énergie présente et percutante qui a toujours été en activité depuis le début des temps. Il ne faut pas croire que je vous parle d'une simple banalité. Bien au contraire, je vais vous démontrer avec simplicité l'impact de cette énergie qu'est la PAROLE.

On parle sans réfléchir, on dit n'importe quoi. Dans l'ignorance de l'énergie de l'Univers, on s'attire la répercussion du verbe. Jamais vous n'auriez cru qu'un simple mot pouvait faire toute la différence concernant un fait, une situation. Eh bien, oui ! Le vocabulaire utilisé dans le langage, avec ou sans réflexion, a toujours les mêmes conséquences par la force des MOTS. La parole est constituée d'un riche vocabulaire d'une valeur énergétique extrêmement puissante. L'ignorance nous a trop souvent punis, pour cause ou par le mal.

Ce n'est pas dans le mot utilisé qu'il y a du mal, c'est dans sa signification, où se trouve la source d'énergie. L'impact est impressionnant comme une bombe atomique et ses retombées nucléaires.

Ne pensez pas que je veuille créer chez vous un sentiment de « peur bleue » à l'idée de parler ou encore vous donner quelques éléments exagérés pour vous angoisser. Ce partage de connaissances est fait pour vous éduquer, et surtout, pour vous protéger des milliers d'effets secondaires dus à votre façon de parler.

J'aurais préféré aborder ce sujet avec légèreté, mais ma conscience m'empêche de réduire les explications, qui sont d'une importance capitale pour vous tous. Le rôle des mots en énergie est tellement magique que d'en connaître ses secrets ne fera qu'augmenter votre taux vibratoire et vos chances de réussite. N'est-ce pas ce que vous voulez ?

Plusieurs situations auraient été évitées si seulement le communicateur avait su comment énoncer sa pensée. C'est probablement la première fois que vous êtes informé sur le sujet. « Impressionnant », me direz-vous. Ce n'est pas tout de connaître une pareille possibilité ; maintenant, il faut agir. Passons à l'action !

Il y a des clés importantes que vous devez utiliser pour éviter toutes les conséquences dcs mots.

UTILISATION DU VERBE AU PRÉSENT

Dans chacune des phrases qu'on prononce, il y a un verbe qui caractérise l'idée. Dans la conjugaison, il y a plusieurs temps. En utilisant le plus souvent possible le présent, vous actualisez vos pensées. Vous les rendez vivantes, vous émettez des ondes concrètes dans l'évolution de votre vie. Par exemple, en conjuguant au futur en parlant d'un projet, c'est certain qu'il se réalisera. Mais en présentant votre idée au présent, vous accélérerez sa réalisation. Soyez assuré du fait d'« énergiser » au présent les ondes de pensées concernant ce projet ; vous éliminerez ainsi beaucoup de négatif, et surtout, vous simplifierez sa réalisation.

Je dois vous avouer que ce n'est pas facile, mais le défi est grand et l'objectif est noble. Les résultats seront IMPRESSIONNANTS.

Dans la première partie de l'ouvrage, je vous décrivais la puissance de la pensée, et maintenant, je vous parle de l'influence des mots. Les deux principes sont reliés. Vous ne pouvez pas parler sans réfléchir, sans penser. Si vous le faisiez, votre discours serait sans intérêt et ennuyeux pour vos congénères. Vous avez intérêt à mettre en application l'écoute de votre langage. La langue parlée et écrite suivent les mêmes règles.

Le PRÉSENT concrétise l'énergie de l'idée véhiculée. On peut s'obstiner, se défendre ou se battre, c'est la réalité dans le concret.

Vous êtes-vous déjà écouté parler ? Non ! Parce que de vous-même, vous auriez été sensible à cette façon étrange que vous avez d'utiliser la parole. Votre déception dans l'analyse de vos conversations aurait été grande. C'est l'information qui ne vous est jamais parvenue qui en est la cause.

Sans vous juger avec sévérité, la prise de conscience aurait marqué votre jugement. INTELLIGENT, vous l'êtes.

Aujourd'hui, vous savez ! Comment allez-vous réagir ? Simplement en continuant votre lecture avec indifférence ou, dès MAINTE-NANT, allez-vous commencer à entraîner votre pensée, convertie en mots, avec vigilance et assiduité ? Personne ne le fera à votre place.

Quand je parle, je m'efforce d'actualiser mon verbe et ma pensée. C'est tout à fait cohérent et personne ne remarque la différence. Je parle avec des mots simples qui reflètent exactement le sens de ma pensée. J'évite tous les éléments de conversation inutiles.

Je me souviens de l'un de mes professeurs qui avait la manie de parler beaucoup pour dire peu de choses. On avait juste à lui poser une question, et v'lan !, il était parti. On disait entre nous : « Il aime s'écouter parler. » Les explications qu'il nous donnait auraient été beaucoup plus intéressantes s'il avait été directement au but. Mais non, chaque fois, c'était la même chanson. Il faisait un grand détour avant d'arriver à la conclusion.

Combien de fois fut-il piégé en début de cours lorsqu'un élève lui posait une question bien souvent hors sujet... En fait, on lui volait du temps sur la transmission de sa matière.

J'ai connu des avocats qui avaient aussi cette manie. Parler pour ne rien dire... Est-ce une coïncidence ou est-ce le langage de la carrière ? Parler pour parler, ça va, mais quand on paie pour une consultation, il serait préférable que l'échange verbal soit bref et précis.

Avez-vous déjà observé la conversation d'un médecin avec son patient ? Il est toujours courtois, poli, concis et rigoureux. La différence, c'est que son taux horaire n'est pas basé sur la même échelle de valeurs. Le médecin assure son salaire sur le nombre de ses patients. Le temps que l'un d'eux prend pour obtenir des informations qui ne sont pas toujours en relation avec son problème est facturé quand même. Il serait juste que les explications soient simples et qu'elles atteignent le fond des choses.

Même si c'est pour ne rien dire que « j'aimerais ou je voudrais... », je leur demande : « C'est pour quand ? » Leur plus grand désir, au lieu de le cristalliser en énergie présente, ils le projettent dans le temps. MAIS LE TEMPS EST INDÉFINI.

À l'adolescence, dire : « Je voudrais que mon partenaire de vie soit comme ceci, comme cela », c'est parfait. Vous aviez 15 ans. À 18 ans, dire : « J'aimerais un jour acheter une maison comme celle-là », c'est logique. Rares sont ceux qui ont acquis une première maison à 18 ans. Durant l'âge de la croissance, c'est acceptable de parler ainsi, mais à l'âge adulte, c'est autre chose.

Il est préférable de dire pour un futur conjoint : « Je rencontre et je m'engage avec l'homme idéal ou la femme idéale... Il/Elle est... (ses qualités). » ou encore « J'achète une maison magnifique, propre, à proximité de…, exempte de vices cachés, avec un voisinage charmant et agréable à vivre à un prix raisonnable et acceptable de part et d'autre. » Avez-vous remarqué le sens logique, et surtout, la précision ? C'est là toute la différence. Sûrement, le résultat des énergies ira dans le même sens, selon la logique.

MINIMISER L'UTILISATION DE CERTAINS VERBES

Personnellement, il y a des verbes que j'ai carrément éliminés de mon vocabulaire : ESPÉRER – DÉSIRER - SOUHAITER – VOULOIR.

ESPÉRER: « Considérer [ce qu'on désire] comme devant se réaliser.* »

Quand je dis « j'espère », c'est comme si, en parlant ou en faisant une formulation, j'y semais en même temps un doute. Il y a un manque de conviction dans mon intention. Je laisse le hasard ou la fatalité prendre mon but en charge. Selon moi, c'est un verbe aux vibrations nébuleuses, qui contredit mes intentions.

Espérer, c'est le reflet d'un manque de confiance dans la projection de mes ambitions. C'est aussi une belle excuse psychologique, comme si je reculais derrière un but exposé ouvertement. Je garde toujours ma dignité parce qu'avec ce verbe, je n'assume pas le poids de l'échec ou ma décision de ne pas rendre à terme les élans de mon idéal.

Avec ESPÉRER, c'est comme si je voulais me réserver un droit légitime de manquer de ténacité.

---

* *Le Micro-Robert*, Paris, Le Robert, 1978.

Au lieu d'espérer, moi, je RÉALISE, je DÉCIDE, j'OBTIENS, je CONÇOIS, j'EXÉCUTE, je PRENDS, je m'accomplis.

DÉSIRER : « Tendre consciemment vers [ce qu'on aimerait posséder]*. »

J'ai réalisé que j'avais raison de bannir ce mot de ma condition mentale. Vous savez pourquoi ? Dans sa définition, on emploie le conditionnel, ce qui signifie que certaines conditions doivent être remplies.

Encore une fois, je suis loin d'avoir le contrôle de la situation envisagée. Je désire seulement. Selon moi, c'est un obstacle à mon cheminement dans l'atteinte de mes objectifs. J'ai le pouvoir de réalisation parfaite et exacte de mes intentions. Pourquoi dépendre de certaines conditions quand je peux orienter sans contraintes les ébauches d'un projet, et ce, avec une conclusion GAGNANTE garantie ?

Voyez-vous, un seul verbe change le sens et l'orientation de mon objectif. Avec DÉSIRER, je laisse une porte ouverte sur ma détermination, et il y a de fortes chances qu'influencé par mon SABOTEUR, je ne mène pas à terme ma démarche. DÉSIRER aura atteint l'illusion d'une ambition.

SOUHAITER : « Désirer pour soi ou pour autrui la possession, la présence de quelqu'un, la réalisation d'un événement**. »

« Je vous souhaite du bonheur », c'est très bien. Parce que ce sont des vœux qui accompagnent un sentiment. Je partage avec vous l'ambition de... et j' « énergise » ce sentiment en vous l'offrant.

Selon moi, souhaiter est un sentiment de partage, c'est le don des étincelles du cœur.

---

* *Ibid.*

** *Ibid.*

Comment pourrais-je souhaiter telle chose ou tel événement pour moi ? C'est me désister du pouvoir d'actualiser mes énergies. Je dois toujours garder avec autorité la pleine puissance de mes pensées. En souhaitant, je perds automatiquement cette faculté du contrôle énergétique.

J'annule inconsciemment toutes les vibrations bénéfiques au sujet de ma passion, de mon objectif. Alors, je DÉCIDE !

VOULOIR : « Avoir la volonté, le désir de*... »

Depuis mes débuts dans le monde adulte, j'ai toujours prêché que pour réussir, il faut deux éléments : le VOULOIR et le POUVOIR. L'un ne va pas sans l'autre. Avec un bon VOULOIR, si vous n'avez pas le POUVOIR, le résultat sera nul. Avec le POUVOIR, si vous ne faites pas l'effort de VOULOIR, vos attentes seront annihilées.

Exemples :

- Vous voulez travailler. Le **pouvoir**, c'est l'autorité. Si l'autorité décide, vous aurez du travail.

- Vous voulez orienter différemment votre vie affective. Le **pouvoir**, c'est l'autre qui décide. C'est le conjoint actuel qui prend position, ou celui ou celle que vous courtisez.

- Vous voulez retrouver la santé parce que vous avez une anomalie physique. C'est la médecine qui a le **pouvoir**.

- Vous avez le **pouvoir** de travailler, mais vous êtes d'une nature paresseuse. Donc, pas de **vouloir**, pas de travail.

Dans le dernier exemple, le **pouvoir**, c'est vous. Vous avez l'énergie maîtresse de la réussite. Comme il y a toujours un prix à payer, êtes-vous prêt ? Le prix de l'effort. Oui ? Bravo ! C'est certain, c'est là le triomphe de vos ambitions.

---

* *Ibid.*

Quand je dis « je veux », que ce soit lors d'une demande à l'autre ou dans une affirmation, je laisse le choix soit à l'autre ou à l'Univers d'une décision, donc du **pouvoir**. Selon moi, le fait de vouloir n'est pas acquis. Il y a d'autres alternatives.

Je veux que tu...

Je veux obtenir...

Je veux gagner...

Je veux réaliser...

Je veux...

Si je veux laisser l'autre prendre le pouvoir, alors je dis : « Voulez-vous ou veux-tu… », accompagné d'un sourire, d'un ton doux et de la politesse d'usage. En utilisant cette stratégie, on me laisse le POUVOIR. C'est O.K.

Maintenant, de retour au PRÉSENT, sujet de l'étude actuelle. Je constate régulièrement que les gens qui vivent une vie perturbée, remplie de problèmes, sont hors du temps présent. Ils vivent dans le passé, en pensée et en parole par lesquelles ils ESPÈRENT, DÉSIRENT, SOUHAITENT pour demain.

Transformer les habitudes de toute une vie, ce n'est pas un petit travail. C'est un mandat intéressant pour ceux qui expriment un franc désir de RÉUSSITE.

Le tout est de vivre sa vie au présent. C'est aujourd'hui la plus merveilleuse journée, et sur elle, j'ai le POUVOIR. Est-ce que je veux ? Avec le VOULOIR de vivre au présent, ou en oubliant les problèmes d'hier et en évitant les inquiétudes de demain, c'est la victoire.

Je PENSE au présent.

Je PARLE au présent.

Je VIS au présent.

C'EST L'ACTUALITÉ DE MA VIE

Le présent de mes pensées m'a évité beaucoup de situations néfastes. J'actualise l'énergie et la situation problématique s'élimine. Il me permet de toujours garder l'attitude calme et sereine que mérite mon entourage. Les gens que je côtoie, et surtout moi, la personne la plus importante.

Le présent de mon verbe renforce l'idéologie des pensées qui m'habitent. Par mon verbe, j'« énergise » mes vibrations, qui sont un baume pour mon environnement, les personnes que je rencontre, ma maison, les endroits où je travaille. Peu importe où j'œuvre dans le monde. Ce baume énergétique me suit partout où je suis, partout où je passe. C'est un tout avec la loi de l'attraction.

Je vis au présent avec une grande lucidité dans un état d'esprit euphorique. Quand on me demande comment je me sens dans tout mon être, je réponds ceci :

> *C'est exactement comme quand vous avez consommé deux apéritifs et deux verres de vin (comparable à votre habitude de consommateur). Si quelqu'un vous faisait une caresse, ce serait un peu plus tendre. Si on vous pinçait, cela ferait un peu plus mal, et si on vous racontait une histoire, elle serait un peu ou beaucoup plus drôle.*

Moi, je vis ma vie sobrement avec les sensations de l'euphorie. Pour vous aussi, il est possible de vivre heureux dans la réalité, quand vous aurez vraiment compris que la conjugaison du verbe est une clé vers la réussite. Maintenant que vous avez le POUVOIR, il s'agit de VOULOIR. Vous n'avez plus aucune excuse pour blâmer qui ou quoi que ce soit.

LA DÉTERMINATION, C'EST LA VITAMINE DE LA RÉALISATION

La possibilité d'administrer votre vie vous appartient. On a le pouvoir de DÉCIDER. Vous avez peut-être cru que depuis toujours, c'était l'affaire des autres. Que vous dépendiez des rouages d'une famille avec ses obligations, d'une société avec ses réglementations ou d'un engrenage social avec ses convictions. Non, cela ne dépend que de votre DÉTERMINATION. C'est un mot qui signifie le PRÉSENT. Il est inimaginable de penser DÉTERMINATION pour le jour suivant. Demain, je vivrai avec DÉTERMINATION si je le fais déjà aujourd'hui.

On admire un homme qui réussit, on est sécurisé lorsqu'on côtoie la réussite. Vous avez sans doute observé que les gens qui ont du succès sont liés comme les cinq doigts de la main. Ils se regroupent, se fréquentent. C'est qu'ils sont réunis par une énergie commune : la DÉTERMINATION.

Dernièrement, dans un pays d'Europe (je m'abstiens de l'identifier), je négociais avec un monsieur qui m'avait fortement été recommandé comme attaché de presse. À la suite d'une première conversation téléphonique, je lui remis le dossier et la responsabilité de la tournée.

À trois mois et demi de l'événement, je repris contact avec lui. Je me rendis dans son pays afin de l'appuyer dans les préparatifs. C'était notre première rencontre. Âgé de 75 ans, retraité et en bonne santé, il voulait être utile et se servir de mon expérience et de son bagage de connaissances. Une chose m'insécurisait : son manque de détermination.

Il avait réalisé sa vie professionnelle et, aujourd'hui, il voulait simplement vivre une implication légère dans la réalisation d'un projet. Il avait le droit de vivre sa retraite de façon heureuse, de s'occuper, selon son choix, sans aucune implication du JE.

Il avait raison. Il pouvait se permettre de ralentir ses activités loin de la PASSION.

SANS PASSION,
IL N'A PAS DE DÉTERMINATION

Chaque jour, prenons une vitamine de DÉTERMINATION, qui a pour effet secondaire LE SUCCÈS.

Chapitre 8
L'énergie négative

LE NÉGATIF SOUS TOUTES SES FORMES EST UN ÉLIXIR DE DESTRUCTION

Des milliers de personnes s'autodétruisent inconsciemment. Elles se complaisent dans leur malheur. Tout est un drame. Elles n'oseraient croire qu'un jour, une lueur d'espoir, un souffle de vie saurait sauver leur état d'âme. Elles se nourrissent constamment des fruits pourris de leurs pensées.

C'est du pur masochisme. Dès leur réveil, et jusqu'à tard dans la nuit, si elles se refusent tout tranquillisant, elles broient du noir.

Le plus triste dans tout cela, c'est qu'elles sont très malheureuses et qu'elles n'arrivent pas à reprendre le volant de leur vie.

La vie, c'est exactement comme cela. Prenez conscience que maintenant, c'est vous et VOUS SEUL qui êtes le conducteur de votre véhicule de VIE.

Toutes les vibrations extérieures et intérieures sont interreliées. Tout ce qui se vit à l'extérieur se reflète à l'intérieur. Tout ce qui se passe à l'extérieur déteint à l'intérieur.

Relisez, relisez et relisez. Vous devez imposer ces mots à votre esprit conscient.

La vie

La vie, c'est comme une voiture.
Vous la conduisez bien
Avec délicatesse.
Elle se manifeste
Quand vous lui faites la vie dure.

Vous êtes le conducteur.
Quand vous prenez le volant
Avec votre cœur
Vous partagez vos plans.
Reflétant l'énergie du bonheur
Vous avez retrouvé votre cœur d'enfant.

Lorsqu'on achète une voiture
On y fait attention.
On conduit prudemment
Sans être trop dur.
On se prive d'émotions
Afin qu'elle reste neuve longtemps.

Daniel Sévigny

NOS PENSÉES SONT DES VIBRATIONS

Toutes les vibrations intérieures sont créées par les pensées. Quelles formes de pensées entretenez-vous ? D'angoisse, de peur, de crainte, d'inquiétude, de ressentiment ?

Chaque pensée entretenue crée SA propre énergie, SA propre vibration. Dès notre réveil, le processus est enclenché pour chacune de nos pensées. ÉNERGIE – VIBRATION – ÉNERGIE – VIBRATION – ÉNERGIE.

Prenez conscience de la puissance d'une pensée. VOUS PENSEZ. Votre pensée devient VIBRATION. Votre VIBRATION S'EXTÉRIO-RISE, INFLUENCE VOTRE PERSONNALITÉ. LA VIBRATION VOUS REVIENT APRÈS AVOIR FAIT LE TOUR DE LA TERRE AVEC SON INFLUENCE VIBRATOIRE.

Ce circuit est le même pour les 38 800 pensées qu'on entretient en moyenne par jour, multipliées par le nombre d'habitants sur la Terre. La Terre est énergie.

En entraînant le mécanisme de pensée, en commençant petit à petit, vous arriverez à ÉLIMINER les pensées négatives qui habitent votre esprit. Pour chacune d'elles, on recommence la bataille.

J'ai vu des milliers de personnes se prendre en main, changer leur vie presque instantanément. Avec DÉTERMINATION et COURAGE, elles ont commencé leur entraînement. Avec acharnement, elles se sont efforcées de n'entretenir que des pensées heureuses d'amour, de gaieté, de bienveillance, etc.

Comme on entretient sa voiture avec minutie, notre mécanisme de pensée DEMANDE plus d'attention. Captant continuellement les vibra-tions extérieures, il exige un contrôle sérieux du rouage de notre esprit.

Réalisant le fonctionnement réel de cet élément, on doit lui donner le plus d'attention possible.

N'avez-vous pas envie de me demander s'il est possible d'avoir un parfait contrôle de son esprit conscient ?

Pour être franc, OUI ! Ça vous surprend ? J'ai vu cette maîtrise chez beaucoup de gens. De plus en plus, il y en aura. Beaucoup de personnes s'intéressent à la croissance personnelle. À la mesure de leur évolution, ils trouvent la SOURCE de connaissance pour les faire cheminer.

Précédemment, je vous racontais que ma vie est EUPHORIQUE. Très souvent, je rencontre des gens me confessant le même état d'esprit. J'ai vu évoluer des milliers de personnes et elles atteignent cette extase.

Plusieurs personnes fréquentent un gymnase pour faire du conditionnement physique. Il faudrait créer des gymnases de la pensée. Heureusement, aujourd'hui, il y a les DVD *Les comprimés du bonheur* qu'on peut se procurer. Il y a aussi la possibilité de s'abonner gratuitement sur le site *lesclesdusecret.com*. Vous en recevrez un par jour. La pensée est comme un muscle ; elle devient de plus en plus forte avec le temps et l'entraînement.

Bientôt, avec un minimum de pratique, vous aussi serez parmi ceux qui gèrent efficacement leurs pensées.

UNE PENSÉE D'AMOUR

Vous apprenez que votre enfant, votre conjoint ou une personne que vous aimez beaucoup est très malade. Comment réagissez-vous ? Vous avez de la peine, vous êtes triste. Avec tout l'amour que vous avez en vous pour elle, vous êtes prêt à tout pour lui faire plaisir, pour soulager sa douleur, n'est-ce pas ? Finalement, le bonheur revient lorsque sa santé est rétablie.

Votre esprit conscient est peut-être dans un état lamentable actuellement ; il est peut-être malade parce que vous le nourrissez constamment de pensées destructrices. Votre esprit conscient ne mérite-t-il pas que vous l'aimiez ? En l'aimant, vous allez commencer à vous apprécier. VOUS ÊTES LA PERSONNE LA PLUS IMPORTANTE, AIMEZ-VOUS !

Par amour, vous avez vécu différentes situations, certaines très heureuses, d'autres moins enivrantes. Vous avez ainsi accepté les conséquences de votre décision. Quelle que soit votre évolution, par amour, le prix du sacrifice s'est souvent présenté dans votre vie.

Étant la personne la plus importante, et avec le respect que je me dois, l'analyse du QUI SUIS-JE ? est primordiale. Je dois me valoriser et m'identifier à ma vraie IDENTITÉ. Reconnaître mes qualités, mes talents qui de font de moi un ÊTRE UNIQUE ET EXCEPTIONNEL.

N'allez pas croire que vous êtes trop vieux ou que vous n'aurez pas le courage de livrer cette bataille. D'autres l'ont fait, pourquoi pas vous ? Ayez confiance.

J'ai beaucoup d'admiration pour les personnes de plus de 80 ans qui se prennent en main. Un nombre impressionnant d'entre elles suivent ma formation, et qui plus est, leur vie bascule et elles retrouvent le bonheur de vivre.

Les expériences, on les vit. On cumule les succès et les échecs pour progresser, grandir. En travaillant sur son esprit conscient, on évolue en SAGESSE. Une sérénité permanente s'installe et nos vibrations de bonheur deviennent transparentes à notre cœur.

N'attendez pas d'être au terme de votre vie pour vous décider. Jour après jour, vous transformerez votre mécanisme de pensée par amour pour vous et la sagesse sera l'amie de vos pensées.

Si vous avez de la difficulté à vous aimer, PARDONNEZ-VOUS, ACCEPTEZ vos erreurs passées comme des poussières qui s'envolent de votre tête.

Appréciez vos qualités, reconnaissez l'ÊTRE MERVEILLEUX QUE VOUS ÊTES.

Chapitre 9
Les angoisses
LE TONIQUE DU STRESS

ANGOISSE* : « Sentiment d'appréhension, de profonde inquiétude. Syn. Anxiété. Méd. Forme grave d'anxiété qui s'accompagne de symptômes physiques (constipation, épigastrique, tachycardie, gêne respiratoire, impossibilité de déglutir (avaler), diarrhée) qui sont souvent déclenchés par une situation précise et identique chez le même individu. »

Une mauvaise nouvelle déclenche l'angoisse. Imprévisible, elle attaque sournoisement l'esprit et provoque des symptômes physiques. Si vous n'êtes pas préparé à vous défendre des affres de vos pensées, vous allez subir les désagréments physiques d'un oubli. Je sais, il faut être en bonne condition mentale pour reconnaître, dès le début, une attaque d'angoisse.

Comme toute crise prise tôt, elle sera vite guérie. La négligence d'être attentif à son esprit retardera la délivrance du malaise. On peut ENTRETENIR ou SUPPRIMER.

En entretenant une crise d'angoisse, la fréquence augmentera rapidement et vous en aurez de plus en plus souvent. SUPPRIMEZ le virus dès le début et les crises, étant de faible densité, seront vite éliminées.

Une jeune femme de 35 ans me raconte son cauchemar. Depuis plusieurs années, elle vit des crises aiguës d'angoisse, d'une durée de quatre à cinq heures, et cela, tous les jours. Voici donc une conversation avec Hélène.

---

* *Ibid.*

D.S.   Selon vous, quelle en est la cause ?

Hélène   Je ne sais pas.

D.S.   Quel est le sujet de vos angoisses ?

Hélène   Tout est prétexte à vivre des angoisses. On dirait que j'aime me laisser envahir. Je n'ai aucun contrôle, c'est une drogue. Je suis très malheureuse et, en même temps, j'éprouve un certain plaisir.

D.S.   Qu'avez-vous fait pour vous en sortir ?

Hélène   J'ai consulté médecin, psychiatre, psychologue. J'ai suivi différents cours de croissance. Quelquefois, j'ai vécu une certaine amélioration, mais rapidement, je suis retombée dans la catastrophe de mes angoisses.

D.S.   Prenez-vous des médicaments ?

Hélène   Je refuse de commencer. J'ai peur de la dépendance. Pouvez-vous faire quelque chose pour moi ?

D.S.   Moi, non. Vous, oui.

Hélène   Ça fait des années que je cherche une solution. Que me proposez-vous ?

De là, je lui explique brièvement tous les rouages du mécanisme de la pensée. Elle seule peut et doit contrôler ses angoisses. Avec quelques trucs, elle a commencé la bataille. À chacune des rencontres, elle m'avouait que ses crises étaient de moins en moins fréquentes, qu'elle reprenait vite la maîtrise de son esprit. Après quatre semaines (durée des ateliers), elle vivait enfin.

Ses crises occasionnelles n'étaient plus que des étincelles. Elle s'était appliquée à l'entraînement avec attention et volonté. Sa vie a changé. Aujourd'hui, elle vit heureuse et sa petite famille aussi. Son entraînement lui a servi pour ses angoisses, mais également pour tous les dérivés qui en sont la cause.

Un homme me confie que sa vie est un enfer. Il réussit dans le domaine des affaires, mais sur les autres plans, c'est le désastre. Les angoisses le minent à un point tel qu'il pense souvent au suicide.

Je lui apprends à gérer ses pensées, à s'aimer. Il accepte la condition *in extremis*, c'est-à-dire l'entraînement de son esprit conscient et l'écoute de ses pensées. Avec discernement et ténacité, il a gagné.

Une dame de Paliseul, en Belgique, m'explique que son fils Laurent, âgé de 17 ans et bon garçon, la fait mourir à petit feu.

Elle courtise l'inimaginable en pensée au sujet de Laurent. Je lui explique qu'elle peut inconsciemment lui attirer des situations négatives. Malheureuse et obsédée, ses pensées font naître les angoisses, et comme toutes les autres pensées, elles sont vibrations.

Par ses vibrations, elle éloigne son fils sans le vouloir. Par contre, en contrôlant sa vie, elle s'en fera un ami et sera complice de ses joies, de ses peines, de ses succès, enfin, de toute sa vie.

« Occupez-vous de vous et faites-lui confiance », dis-je. Répétez après moi : « De quoi je me mêle ! » Lui, en retour, ne se sentant plus agressé par vos vibrations, sera un TOUT avec vous comme lorsqu'il était petit.

Les causes extérieures se reflètent à l'intérieur et sont régies par la pensée. Les effets secondaires sont plus que des maux physiques. Ils engendrent un symptôme à la mode aujourd'hui, le STRESS.

LE STRESS
Le sédatif du bonheur

Le stress fait partie de notre vie quotidienne et peu importe les moyens qu'on utilise pour s'en éloigner, il refait toujours surface.

Si le stress mineur est nécessaire pour motiver notre vie personnelle et professionnelle, il devient une cause très importante dans le développement de nombreux problèmes physiques et mentaux.

Une bonne gestion du stress devrait tenir compte du corps autant que de l'esprit. Donc, la maîtrise de techniques psychologiques telles que l'intellectualisation, le raisonnement constructif, etc., et de techniques physiologiques telles que l'autorelaxation, l'exercice, la nutrition, etc., devraient y être incorporées, selon Pierre H. Milot, Ph.D.

Il y a peu de maladies qui ne sont pas imputables au stress. La plupart des thérapeutes naturistes, de même qu'une bonne proportion des médecins traditionnels, s'entendent pour affirmer que le stress est à l'origine de presque toutes les maladies. Qui plus est, il est presque impossible de lui échapper. Hans Selye, un expert en la matière, a dit : « L'absence de stress équivaut à la mort. » Nous pouvons garder ces mots à l'esprit, nous qui voyons trop souvent le caractère négatif du stress. Un peu de stress fournit l'énergie nécessaire pour accomplir mille choses inhérentes à la vie quotidienne. Il peut indiquer la voie à suivre, donner l'impulsion nécessaire au changement, nous insuffler la motivation pour accomplir les tâches ennuyeuses. Cela dit, une période de stress prolongée comporte des risques sérieux pour tous les systèmes de l'organisme, entraînant souvent une grave maladie.

LES STRESS VIGOUREUX

Les sources de stress sont extérieures autant qu'intérieures. La vie moderne nous expose aux bruits, à la pollution, aux embarras de circulation, aux cris stridents des sirènes de toutes sortes, à la surpopulation. De plus, nous devons faire face à nos devoirs quotidiens. Nous devons travailler, se présenter à nos cours, satisfaire les exigences du patron ou du professeur. Qui peut se vanter de s'entendre parfaitement bien avec tous ses confrères et consœurs ? Voilà d'autres sources de stress.

La plupart de ces facteurs extérieurs nous affectent au plus haut point. Plusieurs d'entre vous passez chaque jour des heures et des heures au volant de sa voiture, au beau milieu de milliers d'autres chauffeurs pressés, stressés, et qui n'ont qu'un but : vous dépasser et arriver avant vous. Où et pourquoi ? La plupart du temps, ils ne le savent pas eux-mêmes. Ils arrivent le soir à la maison exténués, les nerfs à fleur de peau, souvent pour faire face à une crise domestique. Pensez seulement aux changements qui se sont effectués depuis les 50 dernières années.

Des changements dans le style de vie peuvent aussi être des sources de stress et influencer notre santé. La mort du conjoint, un divorce, etc. Même des événements agréables comme un mariage, un voyage, la retraite, un succès personnel peuvent aussi être des sources de stress. Comme je vous le disais, le stress est nécessaire à la vie, mais l'accumulation de tous ces facteurs de stress fait que, débordé, notre organisme ne peut plus fonctionner adéquatement.

On assiste en outre à une crise d'identité. Autrefois, les différentes classes de la société étaient mieux définies. On savait à quoi s'en tenir, on se sentait à l'aise dans sa sphère. On pouvait différencier un prêtre d'un plombier, un commerçant d'un notaire, un colporteur d'un médecin. Est-ce que c'était bon ou mauvais ? Je ne sais pas, mais chacun restait à sa place et se trouvait bien. Maintenant, les fils et les filles de millionnaires jouent dans la rue vêtus de jeans délavés et effrangés alors que les fils d'ouvriers sont tirés à quatre épingles pour assister aux banquets de graduation.

À cause de tous ces changements et d'autres encore, les gens ne se sentent plus en sécurité. Leur sens des valeurs a éclaté. Ils ne savent plus à quoi s'en tenir. Pour survivre, les hommes doivent continuellement s'adapter à des situations nouvelles. Par ailleurs, le seul fait de vouloir éviter le stress entraîne bien souvent un stress supplémentaire.

Il nous faut donc nous adapter à cette vie trépidante et savoir nous réserver des moments de détente et de relaxation. Par exemple, des vacances au bord de la mer ou dans un paysage reposant de montagne. Dans les deux cas, le but est d'oxygéner et d'aérer son esprit.

Que se passe-t-il lorsque vous subissez un stress ? Votre organisme se prépare à rétablir l'équilibre en sécrétant de l'adrénaline et de la noradrénaline dans vos vaisseaux sanguins, ce qui entraîne les effets suivants :

– le cœur bat plus rapidement ;

– la tension artérielle augmente ;

– la respiration devient plus rapide et plus difficile ;

– la bouche se dessèche ;

– l'appareil digestif se referme afin que le sang soit réparti vers les autres systèmes ;

– les pupilles se dilatent ;

– le foie sécrète du sucre dans l'organisme afin de donner un regain d'énergie ;

– la production d'urine est ralentie parce que moins de sang inonde les reins ;

– le système immunitaire ne fonctionne plus.

Si l'organisme vit un stress continu, il est normal que cela se répercute sur la santé. Les effets physiques du stress ont des retombées désastreuses sur la santé s'ils sont prolongés. La hausse de la tension artérielle peut entraîner des troubles cardiaques. La constante sécrétion d'acide dans l'estomac cause des maladies telles que la colite, l'irritation des intestins, un diverticule, des ulcères, etc. Lorsque le système immunitaire ne fonctionne pas, l'organisme est moins habilité à combattre l'infection.

Vivez-vous une situation stressante ?

- Crises d'angoisse ;
- Maux de tête ;
- Dessèchement de la bouche ;
- Mains moites ;
- Étourdissements ;
- Rougeurs ;
- Difficulté à relaxer ;
- Esprit constamment au galop ;
- Difficulté à avaler ;
- Bâillements et soupirs ;
- Palpitations ;
- Problèmes sexuels ;
- Indigestion ;
- Irritation des intestins ;
- Douleurs musculaires (épaules, dos, estomac) ;
- Tabagisme et excès d'alcool ;
- Perte d'appétit ;
- Gourmandise chronique ;
- Fatigue après une nuit de repos ;
- Insomnie ou sommeil prolongé ;
- Difficulté de concentration ;
- Irritabilité ;
- Convulsions musculaires ;
- Piètre estime de soi ;
- Perte d'intérêt ;
- Mains et pieds glacés.

COMBATTRE LE STRESS

Dans l'ouvrage de Gilles A. Bordeleau, M.D., *La médecine naturelle des hommes*, une partie importante est consacrée aux façons de combattre le stress. Que faire en pareille situation ? Les experts préconisent une approche en deux volets :

- Combattre le stress.

- Développer quelques approches permettant de résister aux sources de stress inévitables.

Prenons la maladie, par exemple. Un homme qui se retrouve à l'hôpital, du jour au lendemain, a l'impression d'être déchu. Il a l'impression d'avoir subi une dégringolade sur le plan social. On peut prévenir le stress en écrivant ses peurs, ses angoisses face à la maladie, et se servir de ces écrits pour favoriser la discussion et prendre les mesures qui s'imposent avec son SABOTEUR. Si votre maladie vous inquiète, renseignez-vous auprès de votre médecin et d'autres personnes compétentes dans le domaine de la santé, car il existe plus d'un moyen pour recouvrer la santé. Cette approche réduira considérablement les facteurs du stress. Une telle démarche s'avère efficace pour tous les types de situations stressantes.

En un mot, il faut s'occuper de soi. Trop souvent, l'homme ne se préoccupe que de son travail.

— Acceptez les changements comme faisant partie intégrante de l'existence ;

— Ne vous accrochez pas au passé ;

— Acceptez-vous tel que vous êtes ;

— Ne faites rien à cause des attentes d'autrui ;

— Apprenez à dire « non » ;

– Parlez de vos problèmes ;

– Consacrez-vous à une occupation qui absorbe l'esprit, qui retient l'attention ;

– Accordez-vous du répit. Détendez-vous, lisez, faites des promenades, prenez une douche, faites ce que bon vous semble ;

– Gardez le sens de l'humour, c'est le meilleur remède ;

– Faites de l'exercice, cela libère la tension ;

– Apprenez à vous détendre ;

– Diminuez votre consommation d'alcool, de tabac, et surtout, de médicaments.

La psychothérapie, l'assistance psychosociale, les diverses approches globales du corps et de l'esprit, la *Gestion de la Pensée* vous aideront à identifier la source de vos maux. La méditation (vivre en silence), le yoga, le taï-chi favorisent la relaxation du corps et de l'esprit, le libèrent des soucis et réduisent les effets secondaires dont on a déjà parlé. Une étude à l'École de médecine de l'Arkansas démontre que la méditation a un effet sur le système immunitaire.

Selon *Glamours*, six autres trucs existent pour chasser le stress :

1. Ralentissez votre voiture de 10 km/h.
   Choisissez une nouvelle route ou soyez plus attentif à celle que vous prenez habituellement.

2. Faites une pause avant de manger.
   Faites des équivalences.

3. Attendez cinq minutes avant d'entrer dans la maison. Restez assis dans votre voiture et écoutez un peu de musique. Respirez profondément pour faciliter la transition entre le travail et la vie familiale.

4. Prenez une douche après le travail. Il suffit de quelques minutes pour « laver » vos problèmes de la journée et ainsi les mettre de côté.

5. Laissez sonner votre téléphone quelques coups de plus avant de répondre.

6. Faites une chose à la fois, peu importe la tâche ou l'activité que vous voulez faire. Faites-en moins, mais mieux.

APPRENEZ À VOUS AFFIRMER

Certains d'entre vous éprouvent de la difficulté à s'affirmer et se voient obligés d'accomplir des tâches qu'ils ne souhaitent pas. Il faut apprendre à s'affirmer sans perdre son calme et à formuler ses insatisfactions sans hausser le ton ni se sentir coupable. On reprend ainsi le contrôle de sa vie, et cela seul diminue les facteurs de stress.

On apprend à dire « non » sans se sentir coupable, en se reconnaissant certains droits fondamentaux. Chaque être a le droit à l'égalité, à la reconnaissance de son intelligence et de ses compétences, au privilège de changer d'avis, d'exprimer ses opinions même si elles contredisent celles de son entourage, d'exiger que ses besoins soient satisfaits et de satisfaire ou non ceux d'autrui. Existe-t-il d'autres droits fondamentaux, selon vous ? Reconnaître ses droits individuels, c'est aussi en conférer aux autres. Ce n'est pas toujours d'en faire à sa tête. Il faut se montrer flexible et savoir accepter l'opinion d'autrui.

S'affirmer ne signifie pas se montrer désagréable. Il faut formuler ses exigences calmement, honnêtement, sans s'emporter et dans le respect d'autrui.

L'assurance s'avère utile en toutes circonstances, particulièrement lors d'une rencontre professionnelle ou d'une dispute.

LA RESPIRATION

Les troubles respiratoires sont la cause de bien des maux. Une respiration superficielle, résultat du stress, peut entraîner de la fébrilité. En apprenant à respirer lentement, calmement, on devient moins tendu, plus énergique.

Asseyez-vous ou étendez-vous confortablement.

Posez une main sur la poitrine, l'autre sur l'estomac.

Inspirez lentement jusqu'à ce que s'élève la main posée sur l'estomac. Si vous faites bien cet exercice, l'autre main ne doit pas bouger.

Comptez jusqu'à cinq et expirez lentement. Attendez un peu et recommencez.

Refaites cet exercice 10 fois.

LA CAFÉINE ET LE STRESS

Chaque matin, approximativement 80 % de la population adulte de l'Amérique du Nord boit du café. Vers midi, un grand nombre de ces 300 millions de personnes ont bu de deux à cinq tasses de ce breuvage chaud et ont par le fait même ingurgité une dose massive de caféine.

La plupart de ces personnes boivent du café parce qu'elles croient qu'il a un effet stimulant. C'est vrai que la recherche nous indique que la caféine a un effet certain sur notre système nerveux et sur notre cerveau ; que momentanément, et en apparence, il peut augmenter notre endurance, entraver notre propension au sommeil, mais il ne faut pas se leurrer et sauter aux conclusions.

Lorsque même une petite quantité de caféine entre dans votre corps, elle commence à créer des changements. Après le coup de fouet initial à votre système cardiovasculaire, elle va travailler sur vos muscles en y créant une tension, et plus vous buvez du café, plus cette tension augmente. En fait, même trois à cinq heures après votre dernière tasse de café, votre métabolisme peut être encore plus élevé que la normale, de 10 à 25 %. Ceci veut dire que même si vous ne travaillez pas, vous éprouverez une sensation de fatigue ou de lassitude à la fin de la journée. C'est un cercle vicieux. On boit du café pour se réveiller et se tenir en alerte tout au long de la journée, et le soir venu, cette même caféine nous garde tendu et réveillé durant une partie importante de la nuit, sinon toute. Alors, on prend des somnifères pour s'endormir artificiellement et, le lendemain matin, on se sent si fatigué, si peu reposé, qu'on recommence à prendre du café pour se réveiller et se donner à nouveau du « pep ». On commence par boire une tasse et ça suffit, au début, mais bientôt, on est obligé d'en boire plus pour atteindre le but recherché.

Les mêmes réactions se produisent avec toutes les drogues. D'abord, on obtient certains effets en prenant une petite dose, puis on est forcé d'augmenter la dose graduellement pour continuer à obtenir le même effet. Une tasse de café contient en moyenne de 100 à 150 mg de caféine. Un consommateur qui en boit de deux à trois tasses par jour atteint donc 200 à 450 mg, et s'il boit en plus d'autres breuvages qui contiennent de la caféine, il atteint et dépasse même 1 000 mg par jour. Cette quantité de caféine équivaut à six ou huit tasses de café par jour. À ce niveau, la caféine produit de la nervosité, des étourdissements, de l'irritabilité et des tremblements.

Il est évident, en lisant ce qui précède, qu'il y va de notre santé et de notre bien-être de diminuer, et même d'abandonner l'usage du café, et de le remplacer par des tisanes ou par un breuvage à base de céréales grillées dont certains imitent à s'y méprendre la saveur du café, mais en moins amer.

LE TRAVAIL

Une des grande causes du stress, c'est le travail. Beaucoup plus que l'action de travailler, l'ENVIRONNEMENT est l'origine maîtresse[*] du stress.

Accordez beaucoup d'importance à l'éclairage. Celui-ci doit convenir à votre travail.

Ne restez pas assis trop longtemps, cela peut entraver la circulation sanguine et lymphatique. Chaque heure, levez-vous et faites quelques pas. Si c'est impossible, tapez des pieds.

Accordez de l'importance à votre fauteuil. Si le siège est trop élevé, posez les pieds sur un petit tabouret ou, à défaut, une pile de livres ou un pouf afin d'être confortable. Un appuie-pied peut facilement être confectionné à l'aide d'une petite boîte en carton de sept à dix centimètres de haut et bourrée de vieilles revues. Cette boîte peut être solidement fermée à l'aide de ruban adhésif.

Ne restez pas debout trop longtemps.

Veillez à ce que l'endroit soit bien aéré. Des plantes, des fleurs, des vases remplis d'eau humidifieront votre lieu de travail. Un appareil ionisant compensera le manque d'air.

Acquérez de l'assurance afin de pouvoir discuter avec vos supérieurs.

Développez votre confiance en vous.

Un individu seul peut difficilement améliorer de mauvaises conditions de travail. C'EST UN PROBLÈME DE GROUPE.

---

[*] *Executive Fitness*, 28 août 1979, Rudal Press.

L'ANXIÉTÉ

Virus des inquiétudes

Les dictionnaires résument les anxiétés à de grandes inquiétudes fortement désirées. À mon avis, c'est beaucoup plus que ça. Les anxiétés, tout comme les angoisses, nous occasionnent bien souvent des maux physiques. Cependant, le principal effet est l'INSOMNIE.

En imagination, on laisse notre esprit vagabonder sur le sujet de nos INQUIÉTUDES. On a perdu le contrôle de nos pensées. Notre mécanisme conscient est déréglé et est reparti dans le monde du négativisme. Malheureux et alarmé, on oublie les conséquences de nos pensées et on s'acharne sur nous-mêmes.

L'anxiété chronique est mortelle. Peu de personnes comprennent que le souci TUE. Il est étrange qu'après des siècles d'expérience et de développement, la race humaine n'ait pas appris à refuser énergétiquement de se laisser torturer par les ennemis de son bonheur. Nous nous laissons encore tourmenter, du berceau à la tombe, par ces ennemis que nous pourrions facilement détruire en changeant l'orientation de nos pensées.

Le sujet de nos inquiétudes porte toujours sur des éléments présents dans notre vie ou des composantes à venir. L'anxiété active l'adrénaline de notre système, ce qui occasionne des excès de nervosité, et par le fait même, l'insomnie.

Si vous êtes insomniaque, meilleur que tout tranquillisant est l'énergie que nous apprenons à découvrir à travers cet ouvrage. Je vais vous donner la phrase CLÉ pour que vous aussi sachiez contrôler votre sommeil énergétiquement.

Dans plusieurs villes du monde, j'ai partagé cette connaissance des énergies. Aussi, dans toutes ces villes, il y a des gens qui souffrent d'insomnie et, par enchantement, leurs besoins de sédatifs ont disparu.

Je me rappelle entre autres d'une dame qui prenait des somnifères depuis une vingtaine d'années. Depuis que je lui ai confié la formule, et dès le premier soir de son utilisation, elle a éliminé toutes consommations. En plus d'avoir retrouvé un sommeil naturel, elle a repris goût à la vie. Maintenant, dès son réveil, elle a hâte de commencer à vivre sa journée et de profiter au maximum de chaque instant.

C'est facile à comprendre, elle n'avait plus dans son organisme les effets de la médication qui engourdit le système nerveux et le cerveau. Elle est devenue libre, loin de la dépendance aux médicaments. Elle a repris GOÛT À LA VIE. Elle m'a confié quelques années plus tard qu'évidemment, certains soirs, le sommeil tardait à venir. Connaissant avec expérience les effets secondaires, elle refuse toute médication.

Pour des milliers de personnes qui étaient sous la dépendance d'une pilule, comme par miracle, leur vie a changé. En soignant la qualité de leur nuit de sommeil au naturel, leur journée se vit dans l'état conscient de leurs pensées constructives. Le bonheur, quoi !

En gardant le parfait contrôle de ses pensées, les pensées négatives sont automatiquement remplacées par des pensées objectives calmes et reposantes, avec un minimum d'efforts.

FORMULE POUR DORMIR

Avant d'aller au lit, répétez trois fois ces phrases et laissez-vous bercer par l'énergie. ÉVITEZ la PANIQUE et le DOUTE, CONTRÔLEZ votre SABOTEUR, faites confiance. Les résultats vont vous surprendre, et même vous impressionner.

> *Univers Infini, j'ai une nuit calme et reposante.*
> *Je dors d'un sommeil profond.*
> *À mon réveil, je suis dans une forme extraordinaire.*

Si vous vous réveillez durant la nuit, répétez la formule suivante et vous repartirez dans les bras de Morphée :

> *Univers Infini, j'ai une nuit calme et reposante.*
> *Je me rendors instantanément.*

Je me rappelle d'un Genevois qui suivait les ateliers pour retrouver le sommeil. Lors du deuxième atelier, il m'a confié que ça ne fonctionnait pas, que son sommeil était toujours très léger. J'étais surpris et je l'ai questionné (ces questions peuvent vous servir).

- Quel genre de pensées entretenez-vous ?

- Quel est votre alimentation ?

- Quelle sorte de consommation prenez-vous le soir venu ?

Il m'avoua qu'il aimait prendre quelques verres de whisky, croyant que ça le ferait dormir. Le problème était là, ou bien, il souffrait d'une maladie chronique.

À plusieurs reprises, des personnes me dirent que la formulation ne fonctionnait pas. Surpris, je leur demandai de me répéter la formule qu'ils faisaient.

> *Univers Infini, j'ai une nuit calme et **sereine**,*
> *Je dors...*

La sérénité, c'est de la joie dans le cœur. Alors, comment est-ce possible de s'endormir avec une dose de bonheur qui est, en somme, un excitant ? Le choix du vocabulaire est impératif dans les formulations. On ne peut pas utiliser n'importe quels mots, histoire de faire une formule.

Une petit suggestion : recopiez la bonne formulation et laissez-la sur votre table de chevet jusqu'à ce que vous la mémorisiez parfaitement.

Un médecin du Luxembourg prenait des somnifères depuis 15 ans. Il expérimenta la formule. Impressionné des résultats, il refuse depuis de prescrire des tranquillisants à tous ses patients qui viennent pour en demander. Il remet la formulation, ou alors, ils doivent aller ailleurs.

Ce médecin a compris les effets néfastes des sédatifs sur la vie quotidienne et le bonheur de vivre SA VIE.

Monsieur Gilles A. Bordeleau, M.D., dans son livre *La médecine naturelle des hommes*, nous propose certaines recommandations :

- Commencez à vous détendre quelques heures avant d'aller au lit. Lisez, faites du yoga ou méditez.

- Évitez les discussions emportées et les disputes.

- Prenez un bain chaud. Ajoutez à l'eau des huiles aromatisées ou de l'essence de lavande, de camomille, de marjolaine, de sauge ou de ilang-ilang.

- Demandez à votre conjoint (conjointe) ou à votre ami (amie) de vous faire un massage (c'est divin !) et donnez-lui-en un à votre tour.

- Buvez une infusion de valériane ou de camomille afin de vous détendre.

- Dormez sur un oreiller bourré d'herbage.

- Écoutez un CD de relaxation ou votre musique préférée.

- Évitez de manger avant de vous coucher.

- Évitez de boire café, thé, cacao ou chocolat, tout breuvage au cola ou de l'alcool.

- Si vous ne parvenez pas à vous endormir, laissez-vous bercer par vos pensées. Faites des équivalences.

Les experts estiment que cinq ou six heures de sommeil sont nécessaires, et de temps en temps, une nuit sans sommeil ne fait de mal à personne. Relaxez dans les moments d'insomnie, vous vous porterez mieux.

En conclusion, avec la FORMULE et les conseils de M. Bordeleau, vous allez dormir comme un ange.

L'INQUIÉTUDE
est meurtrière

Je ne sais pas qui a dit : « L'inquiétude est meurtrière. » Il avait raison. Le flot d'inquiétudes qui habitent notre esprit est le miroir des angoisses, des anxiétés, des craintes, etc. Vous savez maintenant que les pensées sont des énergies qui émettent des vibrations.

D.S.   L'avez-vous réalisé en lisant le sujet ?

Vous   Pas encore.

D.S.   Quel serait le genre d'énergies qui seraient émises par les inquiétudes ?

Vous   Des énergies négatives.

D.S.   Très bien, mais quoi d'autre ?

Vous   Des vibrations stressantes.

D.S.   Bravo ! Aussi, en plus de ces ondes vibratoires d'angoisse et d'anxiété, il y aura une attitude déprimante et un caractère massacrant pour les accompagner.

Vous   Est-ce que c'est comme ça que notre attitude et notre personnalité sont affectées par nos pensées ?

D.S.   Rappelez-vous que tout est INTERRELIÉ : l'intérieur avec l'extérieur et l'extérieur avec l'intérieur.

Vous   Si j'ai bien compris, notre attitude et notre caractère reflètent notre façon de penser ?

D.S.   Pas exactement. L'attitude reflète votre pensée et votre caractère devient la copie carbone de vos pensées selon votre personnalité. Ce qui nous rappelle que chaque INQUIÉTUDE, comme les angoisses, les anxiétés qu'on a vues jusqu'à maintenant, a un rôle important pour votre MOI.

La vie, pour nous, n'est pas faite que de grands sacrifices ou d'une série de crises tumultueuses, mais plutôt d'une éternelle continuité de « petites choses ».

Il y a des gens qui sont capables de survivre aux dures épreuves de leur vie, d'affronter les grosses tempêtes parce qu'ils ont appris à avoir le contrôle de leur mécanisme de la pensée. Par contre, il y a aussi des gens qui, devant un simple début d'orage, se laissent ronger par l'inquiétude et se font un cinéma de leur malheur. Inconscients, ils brûlent leurs énergies constructives par des pensées négatives et vivent pleinement le drame des inquiétudes.

Ne soyez plus l'une de ces victimes. Il y a des solutions. Je vais vous donner cinq façons de vous défendre des inquiétudes, et surtout, de les éliminer de votre quotidien. Les inquiétudes ternissent votre existence et vous empêchent de vivre votre bonheur au jour le jour avec calme et sérénité.

1. **Affrontez les problèmes**
   Ce n'est pas essayer de vivre le problème, mais bien de le voir et d'en connaître la cause.

2. **Rassemblez les faits**
   Qu'est-ce qui fait que cette cause a pris l'ampleur démesurée d'un drame psychologique, qui, non solutionné rapidement, entraînera pour plusieurs jours ou plusieurs mois des effets, c'est-à-dire toutes les conséquences des pouvoirs des pensées négatives ?

3. **Acceptez les conseils**
   C'est une règle difficile parce que, souvent, on s'obstine, on s'entête à ne pas accepter les conseils. Obnubilés par nos forces vibratoires négatives, on arrive difficilement à être à

l'écoute. On refuse automatiquement la bouée de sauvetage qui nous est donnée parce qu'on refuse l'ACCEPTATION de la cause.

4. **Cherchez la solution**
   Seul ou avec l'aide d'intervenants, on se fait un devoir de trouver une solution rapide afin d'éviter une longue gestion négative de pensée. Il y a un dicton qui dit : « À tout problème, il y a une solution. »

5. **Mettez cette solution en pratique**
   C'EST PEUT-ÊTRE UNE DES CHOSES LES PLUS DIFFI-CILES À FAIRE... Parce que la plupart du temps, elle exige une IMPLICATION de notre part. Souvent, celle-ci demande un sacrifice ou un conditionnement mental différent. Donc, on doit changer ILLICO pour enrayer les inquiétudes.

Je vous ai raconté l'expérience de mes deux opérations à l'œil gauche. Évidemment, ayant été anesthésié à deux reprises en quelques semaines, la narcose nuisait à ma récupération et il fallait l'éliminer. La cause de mes inquiétudes était que je n'avais aucune force physique. Je dormais en moyenne 20 heures sur 24. Cela était loin d'être en accord avec mon tempérament actif, moi qui ai toujours aimé vivre au maximum et profiter de chaque instant de la vie.

J'ai téléphoné à une amie, à New York, Ouida West, naturopathe de renom. Je lui ai expliqué ma faiblesse générale. Elle m'a proposé un régime très sévère pour éliminer les toxines de la narcose dans mon organisme, jumelé à trois huiles essentielles différentes, dont la posologie était aux quatre heures. D'emblée, j'ai commencé immédiatement le traitement, sans tricher. Motivé à retrouver ma santé, je m'impliquais et je refusais tous les éléments de nutrition qui n'étaient pas au programme de la diète.

En deux semaines, ma santé était revenue, mes forces physiques étaient surprenantes. Je dirais même plus : j'étais beaucoup plus en forme qu'avant les opérations. Je me suis impliqué, j'ai gagné.

Ce qui est étrange, et cela je l'ai constaté très souvent, c'est que les gens ont des solutions à leur portée, mais ils s'obstinent ou font les sourds pour ne pas entreprendre de démarche.

Je me rappelle d'Alain, le mari d'une grande amie. Il avait de sérieux problèmes de santé. Son cas était très grave. Je lui ai offert de prendre contact avec Ouida West afin de récupérer sa santé. Il y a plus de 18 ans de cela. Il n'a rien fait. Sa santé, elle, est dans un état alarmant. Pourtant, il a constaté de ses yeux les bienfaits magiques opérés dans mon organisme. Il n'a pas écouté, il n'a pas réagi.

Heureusement, après 18 ans de souffrance, d'une vie endormie par les cachets (45 par jour), un jour, il m'a écouté et a décidé de prendre sa vie en main. En quelques mois, son médecin réduisait sa médication à 10 comprimés par jour et il s'est mis à faire de la natation régulièrement. Aujourd'hui, il vit normalement. C'est quand même triste d'avoir attendu aussi longtemps pour se réveiller. Que de temps perdu !

Comme moi, vous avez sans doute connu des gens qui, après certaines recommandations de leur médecin, les prennent au sérieux et s'appliquent à les suivre. Ils respectent l'opinion scientifique et croient aux résultats possibles. Vous en connaissez aussi qui continuent à vivre comme avant, se refusant à tout changement. Donc, leur santé régresse sans doute ou, du moins, elle est loin de s'améliorer.

Aujourd'hui est la seule journée que vous puissiez vivre. Ne la transformez pas en ENFER physique et mental pour des inquiétudes au sujet de l'avenir ou en vous tracassant au sujet de l'erreur faite hier.

**CESSEZ DE VIVRE AU CRÉDIT DE L'AVENIR,
C'EST UNE MAUVAISE AFFAIRE.**

LA CRAINTE
Sentiment de panique

Qu'est-ce que la crainte ? D'où lui vient son pouvoir annihilant ? Selon Orison Swett Marden, elle n'a absolument aucune réalité ; elle n'est qu'un fantôme de l'imagination, et au moment où l'on s'en rend compte, elle cesse d'avoir du pouvoir. Si nous étions mieux éduqués et si nous pouvions comprendre que rien en dehors de nous-mêmes ne peut nous nuire, nous ne craindrions rien.

La crainte détruit l'initiative. Elle tue la confiance et cause l'INDÉCISION. Elle nous rend vacillants, nous enlève l'énergie pour entreprendre quelque chose et nous remplit de doute. La crainte nous ôte toute puissance.

Nous pouvons neutraliser une pensée de crainte en lui opposant comme antidote une pensée de courage, tout comme le chimiste détruit le pouvoir corrosif d'un acide en lui opposant son contraire, un alcali.

Le souci n'est qu'une forme de crainte. Il n'a pas beaucoup d'emprise sur un homme qui possède une bonne santé physique et mentale. Il attaque surtout les faibles, ceux dont la vitalité est amoindrie et l'énergie appauvrie.

La crainte ou la terreur qui nous envahit est toujours en proportion du sentiment de notre faiblesse et de notre incapacité à nous défendre contre la cause qui la provoque. Quand nous avons pris conscience de devoir être plus forts que ce qui terrorise des personnes faibles, nous n'avons plus aucun sentiment de crainte.

La crainte déprime et rend esclave ; elle est fatale au développement. Si l'on ne s'en débarrasse pas, elle dessèche les sources de vie. L'amour, qui la bannit, produit l'effet opposé sur le corps et le cerveau. L'amour élargit le cœur, l'intelligence aide au développement des cellules vitales et augmente la puissance cérébrale.

L'effroi cause de terribles ravages dans l'imagination, qu'il remplit de toutes sortes de sombres tableaux. La foi est son antidote parfait, car tandis qu'il ne voit que les ombres et les ténèbres, la foi voit la bordure d'argent du nuage et le soleil qui se cache derrière. La crainte fait regarder en bas et s'attendre au pire, la foi rend optimiste. La terreur prédit toujours l'échec, la foi annonce le succès. Il ne peut exister aucune crainte de pauvreté ou d'insuccès quand l'esprit est dominé par la foi. Le doute ne peut subsister en sa présence, car elle est au-dessus de toute adversité.

L'homme qui est paralysé par la crainte ne peut faire usage de toutes ses facultés. Il faut avoir l'esprit au repos pour posséder l'assurance, la confiance.

Il y a des personnes qui sont constamment dans la crainte que quelque malheur arrive, elles sont hantées par cette idée, même dans leurs meilleurs moments. Leur bonheur en est empoisonné au point qu'elles ne jouissent vraiment de rien. Cette crainte s'est imprimée dans la trame de leur vie et leur excessive timidité la renforce.

La crainte modifie la circulation du sang ainsi que toutes les sécrétions ; elle paralyse le système nerveux et peut même causer la mort, cela est bien connu. Tandis que tout ce qui nous rend heureux, toutes les émotions agréables relâchent les vaisseaux et facilitent la circulation sanguine. La frayeur, au contraire, resserre ces vaisseaux et entrave la circulation. On peut s'en rendre compte en voyant pâlir ceux qui ont peur.

Si une terreur soudaine peut produire de tels effets, que dire de l'influence nuisible de la crainte chronique, qui empoisonne l'organisme pendant des années et le tue lentement, en abaissant son taux vibratoire (loi de l'attraction).

La crainte engendre un sentiment de panique.

LA PANIQUE
Aliment de la peur

La PANIQUE, toujours provoquée par notre esprit conscient, fait de notre vie un véritable drame. Les fréquences de panique agissent comme un boomerang et renforcent le sentiment. Très souvent, elle devient tellement forte qu'elle engendre des dépressions nerveuses.

Le jeu de cette forte émotion s'alimente par les angoisses, les anxiétés, la crainte. Si je suis très explicite, au point de me répéter, c'est que je veux vraiment vous sensibiliser aux forces de pensées : celles-ci vous appartiennent et vous seul avez les commandes. J'aurai atteint mon but par cet ouvrage seulement si vous, cher lecteur, comprenez bien les rouages du conscient et de l'inconscient. J'aurai réussi si, dès maintenant, vous décidez de travailler cet aspect vital qu'est l'esprit.

Comme tous les éléments négatifs et constructifs, la panique joue parfaitement son rôle en ne vous donnant aucune chance. Bien au contraire, elle s'occupe de vos états d'âme en plus de garder sous surveillance malicieuse l'entretien de votre esprit. Les vibrations (loi de l'attraction) de la panique tuent l'objectivité humaine, ralentissent l'évolution de son mieux-être et peuvent même détruire l'individu.

Perdu, il se cherche, sans comprendre son égarement mental. Le pire, c'est qu'il a alimenté cette situation inconsciente par ignorance. C'est le drame que vivent beaucoup d'individus. Égarés dans une panique incontrôlable, ils s'affolent, crient au désespoir, se croient sur un chemin sans issue. Ils ne sont pas fous, seulement perturbés et malheureux dans ce qu'ils vivent.

Beaucoup de désordres psychologiques auraient pu être évités si nous avions été éduqués dès l'adolescence à tenir compte des forces motrices qui nous habitent. Hélas ! Nous n'en sommes pas encore là. Imaginons pendant quelques minutes que tous les habitants de la planète gèrent de façon parfaite leurs pensées. Quelle est votre impression ?

Ce serait le PARADIS. Vous avez entièrement raison. C'est nous qui sommes la cause de tous nos malheurs, nos peines et nos échecs. Il en sera autrement le jour où seulement un tiers de la planète aura compris et appliqué les lois de la pensée.

Vous croyez que je m'illusionne. Il y a beaucoup de scientifiques, de chercheurs qui sont de cet avis. J'endosse leur idéologie, car je sais, par expérience personnelle, c'est-à-dire grâce à mon vécu, qu'ils ont raison. Le travail individuel que nous faisons influence énergétiquement l'ensemble de la société d'une façon consciente. Parce que chaque personne a pris la responsabilité de sa vie et sait l'importance de ses états d'âme, de ses états d'esprit.

Elles enrichissent les vibrations de leur communauté par la réussite due à leurs efforts. Réalisez-vous toute l'importance que chacun de nous a sur ses congénères ? C'est démesuré. On ne peut pas évaluer en chiffres les efforts de l'entretien du mode de pensée. Mais croyez-moi, éliminons la PANIQUE et venons-en à la guerre des vibrations. La panique est la pionnière en matière énergétique pour engendrer les autres sentiments qui y sont rattachés.

Quels sont les autres sentiments qui nuisent à votre évolution ? L'INSÉCURITÉ, le MANQUE DE CONFIANCE, la RÉVOLTE, la ou les PEURS.

La panique créée par la crainte détruit l'ambition.

L'INSÉCURITÉ
désarçonne l'évolution

Lorsqu'il y a un vent de panique, l'insécurité s'installe. Quand les médias annoncent les probabilités d'un séisme, d'une éruption volcanique, d'une avalanche, d'une inondation ou d'une grosse tempête de neige, les populations concernées vivent des émotions très fortes d'inquiétude. Perdus dans le désespoir, les gens sèment la panique et ne pensent qu'à sauver leur peau et celle de ceux qu'ils aiment. Certains, plus courageux, se sacrifient par amour pour épargner leur famille ou même des étrangers.

Vous avez sûrement vu certains films dont le scénario faisait de la PANIQUE la vedette. Rappelez-vous, tous les acteurs y font réaliser avec brio que l'élément de panique se transmet très rapidement, à une vitesse démentielle. C'est d'ailleurs pour cela que certaines catastrophes laissent des pertes plus souvent causées par la panique que par l'événement lui-même.

Prenons les guerres ou les révolutions : la panique déséquilibre et terrorise un peuple à cause de l'événement et de ses conséquences. Par souci d'autodéfense, les gens s'impliquent encore pour sauver leur peau.

La catastrophe d'actualité est le MANQUE D'ARGENT, que beaucoup vivent consciemment, développant le souci d'administrer un budget avec, en tête, ce terrible aspect du portefeuille trop mince pour maintenir une qualité de vie. Avec un revenu limité, on essaie de jouer avec des éléments qui ne sont pas élastiques pour équilibrer sa vie. Il est impossible de convertir les problèmes financiers simplement en DÉPLAÇANT DE L'ARGENT.

Je m'explique. Vous avez l'argent pour payer votre compte d'électricité. Vous réglez à la place le compte de téléphone. Votre facture d'électricité reste donc en suspens. Vous devez payer la facture X, mais vous la retardez pour rembourser votre fournisseur d'électricité.

Finalement, vous avez une réserve pour payer la facture X. Un, deux ou trois comptes supplémentaires arrivent alors et vous commencez à jongler avec les économies pour acquitter X, qui sont loin d'être suffisantes pour la somme totale des comptes reçus. Vous versez un léger acompte à X et aux autres. La situation n'est toujours pas résolue, parce que les comptes courants se présentent en plus de ceux qui restent toujours impayés. Cette situation recommence encore et encore tous les mois et jamais les quittances finales ne sont acquittées. Le système de jonglerie est vécu par une masse importante de gens dans la société. Victimes des influences publicitaires, ils consomment sans réfléchir et s'enlisent dans la catastrophe.

Le pire n'est pas l'erreur commise. C'est lorsque les paiements arrivent à échéance que les consommateurs commencent à vivre la panique et pensent MANQUE D'ARGENT.

En pensant « manque d'argent », on ne fait que DÉPLACER. On n'équilibre pas son budget. Comme tout est énergie, on ne s'attire qu'une énergie de « manque à gagner ». C'est terrorisant de réaliser jusqu'où va cette puissante pensée.

- Mettez fin aux dépenses ;

- Arrêtez de penser « manque d'argent » ;

- Arrêtez de déplacer de l'argent ;

- Trouvez des solutions ;

- Pensez « abondance » ;

- Pensez « résultats ».

Je vous propose une solution possible de réussite. Je vous somme d'appliquer les six points suivants, qui sont la clé de la réussite pour l'équilibre financier, ce qui vous conduira en ligne droite au succès sur bien d'autres plans.

Mettez fin aux dépenses

« Bien facile à dire », me répliquerez-vous. Les imprévus, les médicaments, les enfants qui grandissent, etc. Ou les exigences sociales sont telles qu'influencé par l'environnement, vous avez de la difficulté à vous soumettre ou à soumettre votre famille à certaines restrictions. En somme, vous croyez qu'on vous aimera moins. Que vous serez jugé par les gens qui font partie de votre vie comme une personne déséquilibrée. À cause de la malchance, c'est pardonnable, mais à cause des excès que vous vous êtes accordé, c'est irresponsable. L'orgueil, qui domine souvent l'homme, le place dans un énorme imbroglio financier, et souvent, seule une faillite peut amorcer un rééquilibre de son portefeuille. Avant de faire faillite, il faudrait apprendre à GÉRER ses pensées et cette situation serait automatiquement évitée. En changeant son mode de pensée, on peut se sortir de la cadence énervante du gagne-petit et du manque d'argent.

Arrêtez de pensez
 « Manque d'argent »

Tous les aspects vibratoires lorsqu'on pense « manque d'argent » sont comme des microbes qui se développent avec toutes les conséquences de l'apparition hâtive du ou des symptômes. En pensant « manque d'argent », vous alimentez les angoisses, l'anxiété, l'insomnie, les inquiétudes, les craintes, etc.

C'est un cercle vicieux. Le négatif n'engendre que du négatif.

Arrêtez de déplacer
de l'argent

Une fois pour toutes, finissez-en avec cette danse maladroite d'une administration déséquilibrée. Laissez les autres s'occuper de leurs affaires. Occupez-vous seulement de VOUS. Peu importe les réactions de votre entourage, peu importe les sacrifices à faire pour une période plus ou moins longue. Retrouvez l'équilibre budgétaire en pensée, c'est le début de l'action. Vous retrouverez ainsi la paix.

Trouvez des solutions

**Tout ce qu'on trouve, on le perd ;
c'est pour cette raison que j'ai utilisé :
DÉCIDEZ DE**

La paix est dans la solution. Dans votre expérience de vie, vos épreuves ou vos négligences administratives, il y a une réponse. Vous pensez peut-être à une issue miraculeuse telle un gain important à la loterie ou un héritage inattendu de quelqu'un. C'est sûrement arrivé à quelques personnes, mais ce n'est pas une solution certaine. Vous ne pouvez laisser la vie régler pour vous une problématique engendrée par vous. Erreur ! En pensant « solution », il faudra passer à l'ACTION. Je parle ici de se serrer la ceinture pendant quelque temps, de se trouver un emploi à temps partiel ou carrément de changer d'emploi pour avoir un meilleur salaire. L'énergie de l'Univers saura vite mettre fin au drame de la comptabilité.

Pensez « *Abondance* »

Tous les motivateurs, tous les créateurs d'une technique de croissance personnelle véhiculent, depuis très longtemps, la forme de pensée que je préconise. Que ce soit dans le domaine de la vente ou celui de la réalisation personnelle, c'est LA solution gagnante. Des pensées d'abondance nous attireront l'abondance. Elle sera au rendez-vous. Il est possible que ce soit par une promotion, une augmentation de salaire, du temps supplémentaire, un bonus ou par une démarche tout à fait différente de celle que vous auriez pu imaginer.

L'abondance se manifeste aussi à d'autres niveaux tels que l'émotionnel, la santé et les relations humaines.

Pensez « *Résultats* »

Dans les paragraphes précédents, je parle du manque d'argent et des solutions. Je veux ici attirer votre attention. Quand je dis : PENSEZ RÉSULTATS, ce n'est pas seulement dans le sens premier. J'évoque les résultats sur votre élévation spirituelle, sur votre vie affective, sur votre santé physique et psychologique. C'est toujours et pour tous le même principe : tout se crée par la pensée.

Si vous ne trouvez pas de SOLUTION, vous obtiendrez le seul résultat que je connaisse et qui est une des grandes causes de l'échec : LA PEUR.

LA PEUR
Paralysie psychique

Avec la peur, vous arrêtez de vivre. Vous fonctionnez à un rythme ralenti, qui neutralise la confiance en vous. Vous avez perdu l'autonomie de votre personnalité. Dominé par la peur, votre esprit est ouvert aux vibrations néfastes d'une panique extérieure.

Abordons tout d'abord la peur, qui est une prise de conscience menaçante devant une situation trouble. Elle est incontrôlable, parce qu'on applique à la peur imaginaire la sensation physique de l'événement. On extrapole au quotidien ou à l'occasion sur un événement qui déclenche cette impression de sensations physiques désagréables. Par exemple, lorsque vous devez prendre l'avion, utiliser l'ascenseur ou traverser un pont, c'est par l'imagination que vous alimentez votre esprit en créant de toutes pièces la PIRE conclusion, soit que l'avion s'écrase, que l'ascenseur tombe en panne, que vous allez mourir, ou simplement rester coincé dans le noir, que le pont va s'effondrer. C'est par l'imagination que l'on projette le PIRE. Qui est responsable de ce film imaginaire ? VOUS, parce que vous avez perdu le contrôle de vos pensées et que le SABOTEUR l'a vite récupéré pour s'en occuper avec plaisir.

Il y a aussi la peur alimentée par la crainte. Cette peur qui, selon moi, est très dommageable parce qu'elle fait naître en pensée la possibilité de quelque chose à venir. Peur d'être malade, peur de perdre son emploi, peur d'avoir un accident. Vous réalisez peut-être maintenant que c'est vous qui avez d'abord créé en pensée certains événements que vous avez vécus.

Le sentiment de peur provoque une sensation physique aux vibrations tellement fortes que, très souvent, elles arrivent automatiquement. Et c'est vous qui en êtes la cause inconsciente parce que vous avez perdu le contrôle de vos pensées.

Si vous êtes parmi ces gens qui vivent ce genre de phobies, apprenez à vous contrôler en analysant avec logique le sujet de votre peur.

L'avion est le moyen de déplacement le plus sûr. L'ascenseur est inspecté périodiquement, et c'est une loi gouvernementale. Rares sont les ponts qui s'effondrent. Ne vous laissez plus dominer par l'aspect négatif d'une situation. Au contraire, réfléchissez, analysez et, de ce fait, vous allez gagner la partie contre votre SABOTEUR.

Il y a aussi la hantise, c'est-à-dire être obsédé par une pensée telle qu'avoir peur de mourir, peur d'être malade, peur de la solitude. Je dirais que c'est une pensée presque continue, qui hante l'esprit et qui neutralise l'évolution.

Les peurs ne sont pas toujours créées par l'imagination. Elles peuvent l'être aussi par les paroles de quelqu'un. Enregistrée dans l'esprit conscient, la pensée part en course folle pour démarrer le processus.

Je me rappelle qu'en 1957, une enseignante nous avait dit que le Pape Pie XII dévoilerait le dernier secret de Fatima au mois d'août. Selon elle, le message concernait la date de la fin du monde ou bien, tout simplement, la fin du monde en soit. Malgré mes 10 ans, tout l'été 1957 fut un cauchemar parce que je vivais avec cette hantise de la mort, et surtout, la peur atroce de la fin du monde qu'elle nous avait décrite avec sadisme pour des enfants de notre âge. Le soir, en me couchant, je priais très fort et je m'endormais très tard. Chaque matin s'ouvrait une journée à la fois remplie de la joie d'être en vacances et des peurs liées à ce qui devait arriver.

La presque totalité de mes vacances scolaires avait été vécue sous le glaive de la peur et le poison mortel de la crainte.

Toutes les religions ont profité de la naïveté humaine pour alimenter leurs brebis de peurs et de craintes. Elles les gardaient ainsi sous le contrôle de puissantes idéologies mystiques. Pourquoi nous présenter un Dieu d'amour qui châtie ? Dieu est AMOUR et l'amour, c'est le PARDON.

Vous qui êtes parent, ne pardonnez-vous pas tout à vos enfants ? Sûrement !

Il y a aussi la peur physique, comme avoir peur d'un chien ou d'un autre animal. C'est exactement la même logique. D'ailleurs, l'exemple suivant vous le confirmera et vous fera très bien réaliser que tout ce que j'essaie de vous expliquer depuis le début est authentique.

La peur incontrôlable d'un animal est l'exemple parfait. Quelqu'un qui a peur des chiens attire l'animal à lui, et plus il a peur, plus l'animal s'en approche. Vous qui vivez peut-être ce genre de peur à la vue d'un chien, laissez déclencher **automatiquement** en vous une vibration (loi de l'attraction) que l'animal reçoit et sent. Il réagit sous l'effet vibratoire de votre personne : il jappe, grogne, montre ses crocs et va jusqu'à sauter sur vous. Il vous avertit, la peur augmente, les vibrations aussi. Ainsi, il poursuit son évolution jusqu'à sauter.

Si vous ne l'aviez pas vu, il n'y aurait pas eu de vibrations. Le chien n'aurait pas été attiré. Cette peur est créée en pensée, n'est-ce pas ? Comprenez bien que toutes les vibrations (loi de l'attraction) de vos pensées ont les mêmes effets tout autour de vous.

Il y a aussi ceux qui disent avoir peur des moustiques ou des souris. On identifie une bestiole horrifiante, qui vous répugne, par une peur. Ce n'est pas que vous ayez vraiment peur, c'est plutôt qu'à sa vue, vous êtes dégoûté par sa présence inattendue. Horrifié par l'effet de surprise, vous ressentez un émoi désagréable. Beaucoup pensent qu'il s'agit d'une peur. En fait, c'est la présence non désirée qui crée un sentiment d'horreur.

Vous en avez sûrement déduit que la peur se contrôle par la pensée, comme tout le reste. Si vous êtes de ceux que la peur empêche d'évoluer, armez-vous de bonne volonté et changez votre façon de penser en analysant vos peurs.

Ne vous laissez pas envahir par l'élément destructeur de la peur, qui engendre bien d'autres effets.

LE « RUMINAGE »
Nourriture empoisonnée de l'esprit

Cette expression, bien québécoise, veut dire ce qu'elle veut dire. Lorsque quelqu'un rumine, c'est presque en totalité l'aspect négatif d'une situation.

Une pensée ou un souci entrave le bonheur quotidien. Les pensées sont tristes et rendent votre vie mélancolique. Souvent, vous vous ressaisissez, vous analysez un événement malheureux. La vie arrête pendant une certaine période et stagne au profit du négatif. Généralement, vous ruminez tant que la solution n'est pas éclaircie.

Ruminer un projet, selon moi, c'est analyser en profondeur le chemin à prendre vers la réussite. C'est réfléchir avec sagesse à toutes les facettes du rêve afin d'éviter la plus petite erreur possible. C'est prendre logiquement conscience de ses ambitions et évaluer les risques qu'elles comprennent.

Songer à ses soucis, c'est aussi analyser, réfléchir et évaluer la situation afin d'y remédier rapidement.

Je crois que ressasser une peine est beaucoup plus dramatique parce que c'est un sentiment qui nous atteint dans notre intérieur profond, qui saigne notre cœur, et tant que la situation reste nébuleuse, un doute se développe sur l'honnêteté et le respect de la personne qui est la cause de cette peine. Ce doute entrave la relation et le « RUMINAGE » durera tant que celui-ci ne sera pas éliminé. Il causera des dommages énormes dans une relation. Il aura volé la confiance.

Par exemple : vous découvrez un numéro de téléphone d'une personne inconnue sur la table de travail de votre conjoint ou conjointe. Votre imagination vagabonde. Il ou elle est peut-être son amant ou sa maîtresse, selon le cas. Vous commencez déjà à ruminer avant même d'avoir demandé un éclaircissement de la situation. Vous analysez les occupations de son temps libre, vous le ou la suspectez.

Le mal est fait : vous ruminez. Plusieurs mois peuvent passer avant que la vérité soit clarifiée. Si celle-ci est anodine, vous aurez vécu le drame du « ruminage » pendant un certain temps. Même très court, c'est encore trop long, parce que vous avez mal. Par contre, si cette vérité est réelle, si elle n'est pas le fruit de votre imagination, vous serez sous l'emprise du ressentiment.

Le « ruminage » peut être un objectif dans la découverte d'une solution gagnante. Il peut s'avérer destructif lorsque la cause est dramatique, entraînant l'insomnie, l'anxiété et bien d'autres éléments nuisibles déjà étudiés. Dans ce dernier cas, passez à l'attaque et clarifiez vite la cause de votre peine.

LE RESSENTIMENT
Ennemi du cœur

En psychologie, on les appelle ressentiment, rancune, rancœur : ce sont les trois « R ». C'est se souvenir avec animosité des torts qu'on a subis et qui limitent notre évolution. Élément destructeur, cette pensée sera conscientisée sur du négatif et prendra notre cœur comme acolyte dans l'élaboration du ressentiment, de la rancune et de la rancœur en développant la HAINE.

Le ressentiment n'est lié ni à la jalousie ni à l'envie. Il s'apparente à un tort causé par quelqu'un. On a répété des médisances ou proféré des calomnies sur votre compte. Vous êtes congédié sans aucune raison valable, vous en voulez à votre employeur. Vous mettez un terme à une relation amoureuse, le ressentiment devient la vedette de vos pensées plusieurs heures par jour au début. Avec le temps, le deuil est vécu et cela s'estompe.

Par exemple : votre conjoint vous quitte ou c'est vous qui le quittez. Plusieurs heures par jour, vous vous rappelez les merveilleux moments vécus ensemble, que c'était un être exceptionnel, etc. Votre esprit voyage de souvenir heureux en souvenir malheureux, évidemment. Votre cœur saigne, vous avez beaucoup de peine. Après un long moment de réflexion sentimentale, vous changez votre pensée et vous analysez l'aspect négatif de son comportement, de ses mensonges et, peut-être, de ses menaces. Finalement, vous avez changé l'orientation de vos pensées et, petit à petit, vous reprenez goût à la vie.

La durée de ce sentiment ne dépend que de celui qui l'entretient. La perte d'un emploi non justifiée vous laissera abasourdi, sous le choc, pendant des mois, voire des années. Votre vie est au point mort. Non seulement plus rien ne fonctionne, mais plusieurs situations peuvent s'aggraver : santé, côtés affectif et financier, etc.

Chaque fois que l'un des trois « R » refait surface, ne sombrez pas dans l'entretien inconscient de ce schéma de pensée trop longtemps.

Il est destructeur. La solution : vivez une ACCEPTATION, même si cela est très difficile. Plus rapidement vous accepterez, plus vite vous trouverez des solutions.

LE RADOTAGE

Germe négatif

On attribue le radotage aux vieilles personnes parce qu'elles racontent souvent des propos décousus et peu sensés. Le radotage, encore une expression québécoise colorée, que beaucoup développent avec ardeur sur le plan négatif.

On radote rarement sur un fait heureux. En général, on radote sur des situations ou des propos malveillants qui ont causé des émotions désagréables. On s'imagine qu'en radotant, on prévient.

Dit objectivement, c'est une forme de libération, et en même temps, on s'assure que le message est bien compris.

Dit négativement, cela peut être une revanche malicieuse afin de remémorer à l'autre un souvenir blessant, une faiblesse humaine. Cet aspect peut détruire l'évolution de la personne attaquée. Cela peut même, dans certains cas, créer un sentiment de culpabilité ou d'infériorité, selon le sujet du radotage.

Rabâcher continuellement, c'est épuisant et c'est démotivant pour le percepteur. C'est le genre de technique dont l'entraînement est très facile, mais très peu objectif. Que vous radotiez des techniques d'une bonne gestion de pensée, c'est merveilleux. Que vous rabâchiez toujours les mêmes sornettes à votre conjoint ou à vos enfants à titre de prévention, par exemple, peut occasionner chez certains un sentiment de révolte, d'éloignement.

Soyez assez prudent avant de vous laisser aller sur la pente du radotage. Il est trop facile de prendre une mauvaise tangente. Soyez vigilant avant de devenir un « jeune vieux ».

Si vous êtes du genre rabâcheur, changez de position, placez-vous dans la peau de l'autre personne. Quelle serait votre réaction ? Quelqu'un qui ne cesse de vous harceler psychologiquement sur un aspect de votre personnalité qui lui déplaît, ou encore qui vous rappelle une erreur commise jadis... Déjà que vous aviez beaucoup souffert de cette bêtise, et on s'amuse à vous blesser... Il y a aussi ceux qui sont comme des magnétophones : ils enclenchent la cassette de recommandations à l'infini. Une litanie de préventions qui, souvent, crée chez l'émetteur des inquiétudes et des angoisses chez certains. La cause est un manque de confiance envers l'autre.

Évitez tout rituel de prévention. Que vous proposiez certaines recommandations, c'est très bien, mais de là à l'exagération, nuance !

Vivre dans l'équilibre, c'est vivre dans l'harmonie.

LA JALOUSIE
L'adversaire de l'ambition

Selon la définition du dictionnaire : « La jalousie est un sentiment mauvais qu'on éprouve en voyant un autre jouir d'un avantage qu'on ne possède pas et qu'on désirerait posséder exclusivement*. »

Les personnes qui vivent de ce sentiment limitent leur générosité envers autrui. Elles ressassent continuellement leurs pensées sur la réalisation de leur prochain, oublient leur propre objectif pour idéaliser les autres.

La jalousie est un réflexe raisonnable. Analyser une situation afin de vous positionner est loin d'être de la jalousie ou un jugement téméraire. Au contraire, cela peut être un outil de motivation afin d'améliorer certains facteurs de votre personnalité.

Les jaloux maladifs détruisent leur entourage. Malheureux, ils entretiennent des jugements ambitieux. Très souvent, leurs remarques sur telle personne ou tel point sont synonymes de méchanceté. On reconnaît facilement une personne jalouse. Ses vibrations sont négatives, ses réactions physionomiques sont insensibles ; elle a un regard autoritaire et des lèvres tendues. Le ton de ses conversations est dictatorial.

La jalousie l'obsède, ronge son état d'esprit. Critique royale au quotidien, la personne donne l'impression d'être supérieure et meilleure.

Elle vit dans son univers. Elle se détruit, se referme sur elle-même, et ses jugements sont limités aux critiques malsaines et maladives.

Si vous êtes parmi ceux dont la jalousie hante l'esprit et trouble la personnalité, attaquez-la maintenant avec sérieux. Avant aujourd'hui, vous n'étiez peut-être pas conscient que c'était la cause de votre insuccès.

---

* *Le Micro-Robert*, Paris, Le Robert, 1978.

Le temps que vous investissez sur les autres ralentit votre cheminement. Cessez de caresser le négatif et reconnaissez leurs grandes qualités. Admettez avec sincérité leur bonheur, leur chance, leur talent. Arrêtez d'être CRITIQUE ; soyez JUGE. Un juge honnête et juste.

Vous éprouverez un grand sentiment de fierté lors de vos premiers combats, et surtout, vous expérimenterez une libération. Continuez à travailler sur vous-même et vous aurez de l'admiration pour l'extraordinaire personne que vous êtes.

L'ENVIE

L'ulcère d'une vie

L'envie, sentiment de tristesse, d'irritation et de haine.

Je connais des gens chez qui ce sentiment est tellement fort que depuis déjà longtemps, ils tournent en rond sans comprendre pourquoi.

Tous les succès, les bonheurs et les joies sont gérés par la pensée. Pour eux, la gestion est une obsession à questionner Dieu, l'Univers ou je ne sais qui ou quoi.

Pourquoi, pourquoi, pourquoi ?

Pourquoi tout leur semble facile ?

Pourquoi leur famille et eux ne sont jamais malades ?

Pourquoi l'argent leur sort par les oreilles ? Ils en ont beaucoup trop, ils devraient partager avec nous.

Pourquoi sont-ils toujours heureux ?

Pourquoi leurs enfants réussissent très bien alors que les miens sont moins remarqués ?

Ils leur en veulent, leur reprochent leur facilité, leur succès. Ils s'occupent constamment de ce qui se passe chez le voisin. Lorsqu'ils se regardent, ils ne voient que l'aspect négatif et déprimant de leur vie.

À ceux-là, je CRIE : « MÊLEZ-VOUS DE VOS AFFAIRES ! Arrêtez, vous perdez un temps fou à savoir pourquoi, à essayer de comprendre l'injustice divine et sociale. Votre vie est déprimante parce que vous la vivez sur le dos du prochain. Vos rêves sont impersonnels

111

et vos ambitions deviennent inaccessibles. Vous ne trouverez jamais aucune solution en étant constamment branchés sur l'un de vos semblables. »

Je sais que c'est loin d'être facile quand on a vécu toute sa vie au profit de l'envie. Arrêter maintenant semble possible pour les autres, mais pas pour vous. L'envie est comme un germe cancéreux qui se développe. Avez-vous imaginé un seul instant quelle sera votre vieillesse ? Vous serez aigri, frustré, malveillant et désagréable.

Vous vivrez dans l'amertume du passé, d'un passé inutile parce que vous l'aurez vécu en désaccord avec la grandeur d'âme et la magnanimité.

Mêlez-vous de vos affaires, cessez immédiatement de vous comparer aux autres et commencez à valoriser la merveilleuse personne que vous êtes. N'oubliez pas que toute votre vie dépend de votre façon de penser.

En débutant maintenant ce travail sur vous-même, vous préparerez l'HÉRITAGE de votre retraite.

LA HONTE

Souffre-douleur de l'erreur

La honte réduit notre personnalité et détruit notre confiance. C'est l'humiliation, le déshonneur d'une situation passée qui se vit au présent.

La honte est reliée à une erreur passée. Qui n'en a pas fait ? En acceptant le fardeau de la honte, vous limitez les élans de votre personnalité. Vous vivez triste et malheureux. C'est reconnaître et donner raison au verdict de la société.

La honte est un élément de destruction. Il y a des gens qui vivent depuis trop longtemps en dessous de la jupe de la honte. Ils s'enferment dans la solitude, caressent le désespoir et s'enivrent de culpabilité. Ils sont perdus dans les nuages gris de leurs pensées.

Pour se sauver de cet handicap, il faut RECONNAÎTRE son erreur, ACCEPTER ses conséquences, se PARDONNER, car nul n'est parfait, et surtout, s'AIMER.

Dites-vous que les gens qui ont du temps à perdre à vous juger, c'est leur problème. Maintenant, enlevez cette charge de sur vos épaules et affrontez la vie.

Souriez, le bonheur, c'est aujourd'hui ; l'erreur, c'était hier.

LA HAINE
L'entraîneur de la violence

J'aurais bien voulu éviter ce sujet, mais il faut l'admettre, la haine existe. Dans un monde soit-disant civilisé, il y a des climats de violence et de révolte. Il serait trop simple d'attribuer aux guerres le terme de HAINE. D'ailleurs, je suis convaincu que parmi ceux qui se battent en temps de guerre, plusieurs le font pour l'honneur, certains par esprit de solidarité, d'autres par courage. Combien de soldats ou de partisans le font avec la haine au cœur ? J'ose croire qu'il y en a très peu.

La haine est plus dévastatrice autour de nous que sur un champ de bataille. Les gens s'entretuent beaucoup plus en parole qu'en action. Les méchancetés verbales ont très souvent limité l'évolution de l'autre et causé des préjudices.

Ce qui développe la haine, je l'ai effleuré en vous définissant les concepts de RESSENTIMENT – RANCUNE – RANCŒUR – ENVIE. En alimentant vos pensées de cette manière, la haine se développe rapidement, et d'un simple sentiment, elle dégénérera en gestes violents.

Réfléchissez. Il y a beaucoup de jeunes, aujourd'hui, qui ont choisi de s'identifier à la violence, en se regroupant, en s'habillant de façon agressive et colorée pour attirer l'attention, s'affirmer ou se révolter contre les parents, l'éducation, le système. Mais au fond d'eux-mêmes, ce sentiment est loin d'être le reflet de leur personnalité. Ils cherchent leur vraie identité. Le chef de file, lui, s'alimente de haine pour nourrir ses ouailles de cette vibration fatale, qui fait baisser leur taux vibratoire (loi de l'attraction). Ignorant sans doute les forces énergétiques, il s'en sort par instinct pour apprendre à son commando à faire le mal. En fait, beaucoup de petits groupes créent des peurs et sèment l'agressivité.

Je remets notre demain en question. Quels seront les effets secondaires de l'ère des jeux électroniques sur les enfants actuels ? Sensations fortes du conquérant, ils apprennent à se battre contre l'imaginaire.

Inconsciemment, ils développent en eux-mêmes un comportement de guerrier. Vu objectivement, cela peut être très bon et leur permettre de développer un sentiment d'autonomie très fort. Vu négativement, un sentiment de rébellion peut les animer.

J'ai l'impression que nous verrons apparaître très bientôt une génération de dominateurs, de machos qui, habitués à se battre avec un jeu, auront de la difficulté à s'intégrer dans une société calme et paisible.

Conséquences et séquelles : ma présomption est loin d'être chimérique. Aujourd'hui, dans les écoles, il y a une moyenne très élevée de jeunes qui sont armés. Ils se sentent menacés. Ils sont inquiets. Ils croient se protéger. Qui aurait pu penser, à notre époque, aller à l'école armé ? Combien de tueries se font partout à travers le monde et dans différentes écoles et universités ? Il y a peu, c'était le temps du *Peace and Love*.

La société a besoin d'une thérapie URGENTE afin d'enseigner l'amour et non la guerre, la paix et non la violence. Heureusement que nous sommes dans l'ère du Verseau, ère de spiritualité.

La prévention contre la haine est l'amour, le pardon. S'il existait en vous en sentiment d'ENVIE ou de RESSENTIMENT, annulez-en l'évolution en appliquant les solutions suggérées. Protégez-vous de ces pensées, qui sont de la pure autodestruction.

Si vous êtes d'un tempérament agressif dans vos discussions avec votre conjoint, ÉVITEZ les débats en présence de vos enfants et même de vos adolescents. Soyez discret afin de limiter les dégâts. Ce n'est pas toujours facile, je le sais, compte tenu que plusieurs circonstances peuvent être incontrôlables telles que frustrations, état d'ébriété, incidences de la vie, etc.

Rappelez-vous que les pensées sont l'arme secrète du vainqueur.

LA CULPABILITÉ
Robe de l'acceptation sans défense

Au début du siècle, les femmes, en général, étaient les reines de la culpabilité. Elles s'offraient le luxe d'endosser le poids de toutes les erreurs, les échecs de leur environnement. L'homme, par éducation, laissait la femme accepter la responsabilité tout en lui imposant ses lois. Elle n'avait pas d'autre choix que d'être soumise.

Cela vous surprend-il d'apprendre que cette situation existe encore, et beaucoup plus qu'on ne le pense ? Comme vous le savez, je voyage beaucoup. Je suis souvent confronté à des personnes soumises et malheureuses. Presque condamnées à la loi du silence, elles endurent, elles pleurent, elles acceptent. Moi-même, j'avais de la difficulté à le croire. Cela arrive dans les grands centres urbains, mais c'est encore plus fréquent chez les villageois, dont les mœurs sont différentes. Les femmes ont peur de s'affirmer, de se responsabiliser.

Elles ne sont pas les seules à ressentir de la culpabilité ; les hommes aussi. Il y a ceux qui non seulement assument la charge familiale, mais également la charge sociale.

En fait, la culpabilité fait partie intégrante de la personnalité. Certaines personnes se sentent coupables et assument tous les éléments de la culpabilité comme étant une tare de la vie. Elles n'ont jamais réalisé qu'elles pouvaient se défaire de ce sentiment. C'est pour elles un état normal. Elles se sentent responsables de tout, elles sont la cause de tout, c'est par elles que tout arrive. Est-il possible d'être heureux quand on accepte de compromettre son bien-être au prix du soulagement de ses proches ?

Êtes-vous obligé d'être le bouc émissaire de tout le petit monde qui vous entoure ? À la maison, comme au travail, pourquoi acceptez-vous tout sans jamais rien dire ? Pour qu'on vous AIME ? Parce que vous avez peur, pour redonner confiance à quelqu'un, pour ÉVITER des pertes, pour ATTÉNUER la situation ? Peu importe la raison, vous croyez que c'est la solution. Mais vous avez tort.

Soit par éducation, soit par obligation, soit par esprit de sacrifice, vous vous livrez en pâture aux excès de toutes sortes : excès social, excès marital, vous subissez les chocs psychologiques dévalorisants de l'humanité.

Cessez immédiatement ce jeu. Reprenez-vous en main et laissez à chacun sa chance d'assumer ses responsabilités. L'erreur, l'échec, l'insuccès, la malchance de tous n'est pas l'affaire d'une seule personne. En acceptant le poids de la culpabilité, vous neutralisez l'opportunité des autres de s'affirmer en affrontant leurs problèmes, de mûrir, de s'épanouir, de devenir forts dans la vie. Vous limitez leur chance de réussir et de s'assumer.

Pour bien comprendre le sens de la culpabilité et jusqu'où vous vivez ce conditionnement mortel, ÉVALUEZ-LE. Prenez une feuille et faites la liste de tout ce que vous assumez comme charges psychologiques présentes et passées qui hantent votre mémoire et qui vous font souffrir.

Sans juger ni excuser, remettez à qui de droit la responsabilité de ses actes. Si c'est une situation reliée à l'erreur humaine, PARDONNEZ-VOUS. Si c'est dû à une incidence de la vie ou du destin, comme certains le croient, ACCEPTEZ-LE. Si vous vous l'êtes imposé par faiblesse ou par ignorance, RECONNAISSEZ-LE.

Maintenant, imaginez vivre sans le fardeau de la culpabilité. Vous vous sentirez léger et enfin libre d'aimer la vie, les autres, vous-même. Vous serez en symbiose avec *la loi de l'attraction*.

Faites ce test, et surtout, ne le remettez pas à plus tard. Si vous vous êtes reconnu, c'est qu'il y a une part de vérité. APPRENEZ À VOUS DÉFENDRE !

L'INFÉRIORITÉ

Le « t'es pas » de la vie

On dit que certains souffrent d'un complexe de supériorité et d'autres, d'infériorité. La supériorité chez quelqu'un est toujours apparentée à l'orgueil, et l'infériorité à la médiocrité. Ce n'est pas l'explication du dictionnaire, c'est la version vivante du mot.

Un jour, j'ai connu quelqu'un qui m'a avoué qu'à 35 ans, il ne se trouvait pas intelligent, qu'il avait la nette impression d'être idiot, car il ne faisait que des gaffes. Je lui ai demandé de s'expliquer. Il réalisait que chez lui, son mécanisme réactionnel fonctionnait au ralenti. Très malheureux de son état d'esprit, il ruminait son enfance avec regret.

Durant toute son éducation, et jusqu'à sa maturité, ses parents l'avaient qualifié par des sobriquets dégradants tels que stupide, imbécile, innocent, cabochard, nono, etc. De plus, on l'avait régulièrement battu. Il ne s'était donc jamais senti aimé.

Travaillant avec lui, je me suis vite rendu compte qu'il avait besoin d'un guide en permanence. L'initiative était hors de son degré d'aptitude ; il était bloqué. Il exécutait les directives et ce qu'il connaissait avec adresse et perfection. Si un élément nouveau se présentait, il était alors complètement perdu. Bon travailleur, ponctuel et honnête, je l'acceptais comme il était. À travers lui, j'ai évolué, car il a mis ma patience à rude épreuve.

Cet homme a grandi avec T'ES PAS. « T'es pas assez fort, t'es pas assez grand, t'es pas comme celui-ci ou celui-là, t'es pas intelligent, t'es pas... »

L'histoire de cet homme est peut-être aussi la vôtre. En pensée, vous avez entretenu cette chanson démoniaque qui a détruit votre confiance en vous en ternissant votre personnalité réelle par de la faiblesse. Irresponsable, vous avez grandi dans l'éducation de l'identité d'une autre Moi.

Vous vous êtes senti exclu d'un groupe de gens ou d'une association parce que vous avez appris à penser et à dire : « Je ne suis pas. » Vous avez peur de risquer de vous affirmer, d'émettre votre opinion parce que pendant toute votre enfance, vous avez entendu T'ES PAS, et depuis, vous ne savez dire que JE NE SUIS PAS.

C'est catastrophique de réaliser qu'une vie est presque ruinée à cause de T'ES PAS. Si vous vous reconnaissez et que vous êtes de ceux qui disent : « Je ne suis pas », reprenez confiance en vous, rebâtissez votre vraie personnalité. Vous commettrez certaines erreurs, quelques bévues, et après ? Vous avez le droit d'apprendre et de découvrir toutes les forces qui vous habitent. Jusqu'à ce jour, combien de fois avez-vous refusé ceci ou cela à cause de T'ES PAS ? Vous vous êtes même empêché de vivre à cause de T'ES PAS.

Maîtrisez vos pensées et ne laissez plus cette expression vous anéantir. À chaque occasion, reprenez-vous et menez ce combat avec ténacité. Ainsi, vous serez le vainqueur de « t'es pas ».

L'homme dont je vous parlais a aujourd'hui une entreprise dont le succès est le couronnement de ses efforts. Il a réagi.

Faites comme lui, RÉAGISSEZ. Le vainqueur est en vous.

LE DOUTE

Calamité humaine

C'est le parasite de la vie. Il empêche le fonctionnement parfait des pouvoirs énergétiques. Il détruit notre ambition, il arrête la transmutation de nos pensées. C'est le pire ennemi contre lequel nous devons mener continuellement un combat et pour lequel nous devons toujours rester en alerte.

Faites un examen de conscience, vous constaterez l'ampleur que le DOUTE a eu sur vos réalisations. Pour chaque expérience de vie, vous avez mis à profit votre bagage de connaissances et d'expériences SANS le partenariat du DOUTE. Vous avez réussi. Si les tentatives se sont avérées un insuccès, c'est que vous faisiez équipe avec le DOUTE.

Quand je dis que c'est le parasite de la vie, avec toutes mes expériences, je suis convaincu qu'il n'y a rien de pire. Depuis le début de cet ouvrage, je vous explique que tout est énergie, et que sans le contrôle de la pensée, vous refusez la plus grande force motrice existante. C'est par elle et elle seule que se réalisent vos désirs. Quand vous doutez de vos possibilités de réalisation, quand vous remettez en cause vos forces spirituelles, quand vous doutez de VOUS et de vos pouvoirs illimités, vous perdez automatiquement le combat. Le DOUTE neutralise toutes vos pensées, vos énergies, vos vibrations (loi de l'attraction). C'est comme si un obstacle démesuré vous empêchait de vous réaliser. C'est déjà la fin avant le commencement.

Le doute crée un élément d'ANNULATION, comme un fusible. Lorsque la surcharge électrique est trop grosse, il arrête le courant. Le doute anéantit le VOUS, il paralyse l'homme, il le limite dans toutes ses possibilités. Le doute est l'ennemi numéro un. Il vous manipule, vous contraint, assure la destruction de vos rêves. Il y a un dicton qui dit : « Les rêves deviennent réalité. » Il y a une seule et unique condition pour que cela se réalise : NE PAS AVOIR DE DOUTE.

Vous avez fait votre examen de conscience ? Et alors ? N'est-ce pas la vérité ? Quand le doute était hors du circuit de vos pensées, vous vous êtes réalisé. Plus encore, vous êtes allé au-delà de vos limites, vous étiez convaincu et vous n'avez laissé aucune place, même une toute petite, à cet ennemi. Vous n'avez jamais réalisé que la réussite de votre expérience était due à l'absence du doute. Pourtant, c'est vraiment la SEULE et UNIQUE cause qui aurait pu supprimer votre idéal.

Durant votre examen de conscience, vous avez remarqué que tous les insuccès de vos projets étaient en majeure partie dus à vos doutes. Il est certain que le doute n'est pas le seul élément destructeur d'un rêve entamé et non concrétisé. Dites-vous bien qu'il est la cause de tout phénomène d'annulation à 95 %. Le reste peut être causé par certains autres éléments que, personnellement, je refuse d'accepter.

Dans mon cœur, je suis convaincu qu'il est le responsable à 100 % de toutes les causes. J'étudie son comportement depuis des années. J'analyse continuellement son intervention chez les personnes. Le DOUTE annule le pouvoir de nos pensées, détruit nos rêves et sabote notre vie.

Je sais que d'être sous l'emprise du doute est comme être coincé dans un placard fermé à clé. Il n'y a pas d'issues, pas d'autres sorties. On doit attendre que quelqu'un d'autre ouvre la porte de l'extérieur ou DÉFONCER la porte pour être enfin libéré. Évitez d'être sous l'emprise du doute, libérez-vous de ses forces négatives, reprenez vite le contrôle de vos pensées.

Je vous certifie que d'expérience en expérience, chaque fois que vous contrôlerez vos doutes, vous réussirez. Avec le temps, vous réaliserez qu'il vous a manipulé pendant trop d'années pour lui laisser encore le minimum d'emprise sur votre vie.

Est-ce que moi, j'ai encore des doutes ? Jamais ! Peu importe la situation, l'objectif, le rêve, je ne lui laisse pas la plus petite possibilité de venir perturber mes pensées. Je connais trop bien son pouvoir destructeur des énergies et je lui refuse toute complicité, même s'il ne s'agit que de quelques secondes. Je n'oserais prendre le risque de me laisser sombrer dans le marasme anéantissant du doute.

Il vous répond et il réagit en vous : « Il me contrôle, il est le vainqueur de notre bataille. Mais toi, tu n'arriveras jamais à m'éloigner de tes pensées. Tu sais que je suis comme un aimant, je suis collé à toi pour toujours, et patati et patata... »

Réalisez-vous que, déjà, en lisant ces lignes, il s'infiltrait dans vos pensées pour vous perdre dans les distractions négatives et encore une fois vous manipuler ?

Je le connais bien, monsieur Le Doute ; il est comme un fin renard, il vous attaque sournoisement et essaie par tous les moyens de vous faire subir la défaite. Il détruit tout ce qui est idéal, ambition, rêve. Il ne laisse aucune chance, il veut rester le maître de vous-même.

Je ne suis plus le seul à avoir mené et gagné cette bataille. Il y a maintenant un nombre considérable de personnes qui se sont attardées sur son cas. Après mûres réflexions, elles ont compris qu'il était la cause flagrante de leur désespoir. Elles se sont soumises à une réglementation attentive : ÉLIMINER LE DOUTE.

« Bien, que puis-je faire avec le DOUTE ? » me demandez-vous. Chaque fois que vous avez une pensée de ce type qui s'infiltre dans votre mécanisme, ÉLIMINEZ-LA par une pensée de qualité objective. Remémorez-vous les résultats de votre examen de conscience ; les succès obtenus et les échecs subis à cause de vos hésitations ; d'expérience en expérience, les résultats du conquérant sur ses doutes, des victoires sur ses ambitions. Vous réaliserez que le doute était la grande cause de vos limitations. Ni moi ni personne ne ferons cette démarche à votre place. Vous seul avez ce pouvoir et vous seul aurez le mérite de la victoire.

Projection intéressante mais irréalisable, pensez-vous ? Encore monsieur Le Doute qui ne laisse aucun répit. Il profite des milliers de fois par jour de l'opportunité d'avilir vos forces de penser. Il ne vous laisse absolument aucune chance. C'est vous ou lui, sans aucune autre alternative, sans compromis. Qui sera le vainqueur et qui sera le vaincu ?

N'avez-vous pas été le perdant pendant assez d'années ? Avant, vous aviez les excuses de l'innocence. Vous ne saviez pas que la grande cause de vos insuccès était votre partenariat avec monsieur Le Doute. Aujourd'hui, c'est différent.

Évidemment, vous pouvez refuser d'admettre cette possibilité (dites-vous bien que ce n'est pas vous, mais encore LUI qui s'impose) et continuer à subir son influence maladive et dévastatrice, ou vous pouvez vous prendre en main avec courage et vigilance. Il n'y a pas d'autres possibilités, c'est l'une ou l'autre. La défaite ou la victoire.

C'est toujours le même principe, pour gagner, l'arme du vainqueur est l'entraînement. Mitraillez vos doutes sans remords et votre succès est garanti.

**La mitraillette du vainqueur
se nomme entraînement**

LES PRÉJUGÉS

Celui qui juge sera jugé

Les préjugés ont une force dévastatrice démentielle, bien qu'ignorée par la plupart d'entre nous.

Il y a des préjugés qui font loi, selon le milieu social : la caractérologie de l'événement. Dans l'évolution de notre monde, certaines caractéristiques manquantes ont été associées à l'ensemble d'une communauté ou d'un groupe de gens ciblés.

En adhérant à ce jeu du jugement enfantin, vous ouvrez grandes les portes aux jugements pernicieux. Dès que vous vivez une situation trouble, votre esprit s'égare en analyses négatives sur le candidat impliqué, et de là naissent des jugements téméraires qui, au lieu de vous grandir en générosité collective, vous referment sur vous-même et vos pensées négatives.

Au lieu de juger avec sévérité, soyez indulgent et essayez de comprendre. On ne peut pas tous avoir les mêmes goûts, la même personnalité, les mêmes affinités, être tous identiques comme des clones. Nous serions alors comme robotisés, sans aucun attrait particulier qui fait le charme de l'individualité.

Chaque geste que l'on fait, chaque remarque que l'on porte ne fait pas nécessairement l'unanimité. C'est normal. Alors pourquoi critiquer et juger notre prochain ? On se fait du mal (par les retours énergétiques de la pensée), tout en blessant les autres par nos remarques désobligeantes. Un jugement sévère et capricieux développe un esprit ÉTROIT, un esprit de sainte nitouche. Vos échanges culturels et sociaux se refermeront, car avec des préjugés et des jugements trop draconiens, vous détruisez votre charme.

Esprit de contradiction et de controverse, vous éloignez vos amis. Vous avez le droit de critiquer et d'émettre votre opinion, c'est juste. Cependant, quand vous usez de ce droit, assurez-vous de toujours présenter les deux éléments de l'observation, soit l'aspect négatif en premier, pour ensuite conclure avec une note objective. On remarquera beaucoup plus votre sens de justice et d'équilibre que celui de destruction avec ses critiques avilissantes.

Il y a PIRE encore que critiquer et juger les autres. Il y a ceux qui décident du jugement des autres avant même d'avoir osé faire un premier geste. Ils décident ce que les autres vont penser d'eux. Ils sont convaincus et certains de... Finalement, afin d'éviter d'être jugés comme ils l'avaient décidé, ils refusent d'agir, ils restent cloisonnés dans leur petit univers.

Vous ne pouvez imaginer combien de personnes souffrent de ce schéma de pensée. Ils n'osent pas sortir de la maison parce que les voisins vont penser que... et dire que... Quelle tristesse de vivre sous l'emprise d'un geôlier (de pensée), qui vous emprisonne dans votre propre maison, qui vous limite à vivre, et cela, seulement par vos pensées. Parce que vous avez peur des ragots et des potins sur votre compte.

Si vous vivez et pensez comme cela, c'est que vous jugez les autres avec sévérité et vous croyez aussi être jugé. Occupez-vous seulement de vous et laissez vivre les autres. S'il y a certains éléments ou certains points qui vous contrarient chez certaines personnes, soyez honnête et faites-leur part de vos appréhensions ou de vos critiques. Ils seront heureux de constater votre intérêt à l'entretien de votre relation.

Soyez réaliste, arrêtez de JUGER et ayez un esprit ouvert, cela garde jeune. Sinon, vous vieillirez seul et oublié.

LA MÉDISANCE
Une vérité qui doit être secrète

Il s'agit d'une vérité qui se doit d'être gardée pour soi et qu'on ne doit pas répéter. Une expérience vécue par vous-même que vous devez garder pour vous.

Les cancans sont le fruit défendu du jugement. Par vos bavardages, vous risquez d'envenimer une situation, et très souvent, elle prendra des proportions dramatiques selon les méfaits. ATTENTION ! C'est trop facile de raconter des potins, ça colore les conversations au détriment des autres. Je suis certain que vous avez bien d'autres sujets intéressants qui peuvent meubler vos causeries sans détruire l'apanage de votre prochain.

N'oubliez pas que lorsque vous parlez en mal de quelqu'un, votre énergie influence les autres à parler de vous. Vous vous souvenez de la loi du retour (loi de l'attraction) ? Ne soyez pas surpris si vous entendez des ragots à votre sujet.

Une médisance est toujours négative. Les propos objectifs sont toujours agréables à partager et à entendre. La loi du retour est valable dans les deux sens, objectif, négatif, bon et mauvais.

LA CALOMNIE

Un message qui attaque la réputation et l'honneur

Il est trop facile d'inventer de toutes pièces un scénario bâti sur un jugement faussé par les émotions, sachant bien volontairement que vous vous attaquez à la réputation de quelqu'un afin de la démolir. Méchanceté !

Vous avez le droit à votre opinion. Mais un message n'est pas une opinion, c'est une invention. Votre imagination fertile peut blesser par cruauté.

Croyez-vous sincèrement qu'une telle démarche soit juste et honnête ? Se référant aux autres pensées malsaines étudiées, vous n'avez pas peur d'être un jour victime de calomnies ?

Comment vous en défendriez-vous ?

Je ne sais pas qui a dit : « Le silence est d'or. »

LA COLÈRE
Mère de l'agressivité

On peut vivre la colère en pensée, mais c'est surtout une réaction spontanée causée par un manque de contrôle de son mécanisme. C'est comme une surcharge de vibrations négatives qui explose.

La colère est, à mon avis, l'énergie la plus DESTRUCTRICE dans tous les sens du mot. Elle fait baisser notre taux vibratoire (loi de l'attraction) à un niveau bas, elle affaiblit notre système immunitaire, les vibrations qu'on dégage deviennent réfractaires aux énergies d'autrui, elle éloigne de nous la loi de l'abondance et de la réalisation et on stagne dans la poursuite de nos buts. La colère, c'est aussi la graine de la maladie. La maladie commence toujours par un CHOC, celui-ci entraîne la colère et affaiblit le système immunitaire, faisant en sorte que les cellules deviennent une proie facile à la création de la maladie.

La colère, c'est un accident de parcours qui libère momentanément les angoisses, les anxiétés, le stress, les inquiétudes, le ressentiment. C'est en évitant la colère que nous pouvons riposter de manière beaucoup plus efficace aux mauvaises actions dirigées contre nous. Si nous gardons notre sang-froid, nous sommes plus apte à trouver les solutions appropriées, nous restons enveloppés dans un calme désarmant et vivons pleinement notre sérénité.

Vous avez accepté trop longtemps en silence des situations, des faits qui vous ont miné et BANG !, vous explosez.

IL VAUT MIEUX ÉVITER L'ACCUMULATION D'ASPECTS NÉGATIFS ET EN DISCUTER !

Il y a ceux qui font des colères nerveuses. D'un tempérament excessif, ils réagissent spontanément sur tout. On devient très méfiant avec des gens colériques, car on ne sait jamais sur quel pied danser en leur présence. La colère entraîne souvent la violence.

On a vu les causes psychologiques, mais il y a aussi les causes extérieures qui sapent la personnalité. L'alcool et les drogues sont souvent complices de la colère.

Vivez calmement, avec confiance et sérénité. Évitez les excès, éliminez ce qui vous rend colérique en pensée et en action.

Reprenez le volant de votre vie.

L'IMPATIENCE
Complice de la colère

En général, ce ne sont pas nos amis qui nous mettent à l'épreuve ; ils ne nous donnent aucune occasion de tester notre patience. Seuls nos ennemis ont ce privilège. Nous devrions les apprécier parce qu'ils nous donnent l'opportunité de développer notre patience. Parce qu'elle est indispensable à la neutralisation des pensées négatives.

Comme la colère, la patience est impulsive. Elle est une réaction créée par un surplus d'éléments négatifs. Vous avez oublié ou cessé de gérer votre équipement mental, et voilà que l'engrenage est déréglé.

Tout est interrelié (loi de l'attraction). Si vous êtes bien avec vous-même et que vous avez le plein contrôle, vous êtes patient. C'est lorsque tout se brouille et que vous laissez vos pensées se perdre en réaction que vous perdez le contrôle. En gérant vos pensées, vous temporisez votre tempérament et vous embellissez votre personnalité.

Avez-vous remarqué que tout est de cause à effet ? Les pensées interagissent sur nous à plusieurs niveaux :

- Attitude ;
- État d'esprit ;
- État d'âme ;
- Caractère ;
- Tempérament ;
- Personnalité.

Je vous ai souvent parlé des forces motrices de vos pensées. En étant informé de toute la complexité du mécanisme au début de l'ouvrage, vous avez peut-être trouvé cette démarche ardue à comprendre, croyant devoir travailler sur tous ces points de l'ensemble caractéristique de l'homme pour enfin apprendre à gérer vos pensées. Eh bien non, c'est le contraire. En gérant vos pensées :

- L'attitude change ;
- L'état d'esprit s'équilibre ;
- L'état d'âme s'améliore ;
- Le caractère s'assouplit ;
- Le tempérament s'harmonise extérieurement par votre intérieur ;
- La personnalité change.

En travaillant sur la qualité de vos pensées, vous travaillez sur vous-même en entier.

Je ne compte plus le nombre de commentaires élogieux que j'ai reçus grâce à cette technique. J'en ai retenu un qui m'a fait réaliser tous les bienfaits de *Gestion de la Pensée*.

Monsieur Jean-Marie Nantermans, de Bruxelles, me disait : « *Gestion de la Pensée* est comparable à un scalpel, alors que tout ce qui existe en matière de croissance, c'est comme des couteaux de cuisine. »

Gérez vos pensées,
vous serez le chirurgien du Moi.

L'ÉGOÏSME

L'excentricité d'un pauvre esprit

Une personne égoïste vit avec l'attachement excessif d'elle-même. C'est une plaie sociale. Égoïste dans ses pensées, égoïste en tous points : attitude, état d'esprit...

Il est très difficile de côtoyer une personne égoïste parce qu'elle agit contre un principe de base vital : l'amour, le don de soi.

Ça se remarque très facilement en société parce que les égoïstes ont très peu d'amis en général. Quelques connaissances et quelques relations superficielles meublent leur vie. Les contacts avec les autres sont limités à cause d'eux. En pensée, ils sont enfermés dans leur petit monde. Comment voulez-vous qu'ils soient d'une générosité remarquable ? S'ils l'étaient, ce serait en troquant un geste pour un autre.

La gratuité, chez un égoïste, n'existe pas. Tout est calculé. Je me permets une note humoristique en ajoutant : « ils gèrent très bien leurs pensées ! » En se basant sur la définition de gestion, ils calculent. Ce sont des profiteurs et par tous les moyens, ils réussissent à vous manipuler afin de protéger leurs intérêts au détriment des vôtres.

Ce qu'il y a d'extraordinaire, c'est que par vos pensées, vous pouvez remédier à la situation. Par exemple, en étant égoïste, devenez généreux, altruiste, découvrez le vrai bonheur de donner. Commencez en spiritualité avec les équivalences (voir le chapitre 18), le reste s'enchaînera.

Si vous connaissez une personne égoïste, par vos pensées, vous savez que vous pouvez la changer et faire d'elle une personne généreuse. Si vous la pensez égoïste, elle le restera. Je sais, vous songez à la PRISE DE POUVOIR. Dans le présent cas, c'est dans le but d'améliorer avantageusement une relation de couple ou d'amis. La PRISE DE POUVOIR, c'est lorsque quelqu'un veut tirer avantage ou abuser de l'autre, ou encore changer l'autre à son insu.

Maintenant, regardons la façon de modifier un élément pernicieux de la personnalité. Une personne est égoïste. Je CHANGE ma manière de penser, je la crois généreuse, obligeante. Donc, j'émets des vibrations (loi de l'attraction) de générosité, d'obligeance. Ce sentiment s'imprime en elle comme si on avait placé un carbone entre deux feuilles.

Je me suis servi de l'ÉGOÏSME pour illustrer les grandes possibilités en vous. Il va de soi que c'est exactement le même procédé pour tous les éléments de personnalité qui ne sont pas conformes avec vous-même.

Je réalise votre réaction. Vous vous dites : « C'est entraver la vie de l'autre, on n'a pas le droit de s'interposer comme ça, etc. »

Vous le faites dans un but noble et objectif. En premier lieu, c'est pour son bénéfice, et ensuite, pour l'ensemble de la communauté. Au cas où vous utiliseriez vos pouvoirs afin de détruire, je m'empresse de vous rappeler la loi du boomerang.

LES MAUVAISES HABITUDES
Perturbation intérieure qui s'extériorise

Une manière d'agir individuelle, fréquemment répétée. Dans la pratique, vous avez reconnu chez vous ou chez les autres la ou les mauvaises habitudes.

En résumé, une mauvaise habitude est tout ce qui est EXCESSIF. Par exemple, dans la cuisine, qu'il repose sur le comptoir quelques fruits, dans un recoin particulier un léger amas de factures et autres et autour du lavabo un peu de vaisselle sale, ce n'est pas du désordre, c'est une cuisine vivante.

Dans votre chambre, qu'un vêtement soit déposé sur un fauteuil ou repose tout simplement sur le lit, la chambre n'est pas en désordre, c'est une chambre animée.

Vivre dans le désordre, c'est que tout soit sens dessus dessous dans la cuisine, qu'il y ait une montagne de vaisselle à laver et plein de trucs à ranger... Quand la chambre ressemble plus à un placard mal rangé, c'est un désordre excessif. Consommer du vin ou de l'alcool raisonnablement, c'est social ; être alcoolique, c'est excessif.

Les mauvaises habitudes reflètent un désordre intérieur. L'extérieur est le miroir de l'intérieur.

Chez les adolescents, c'est une mode de vivre dans une chambre ou un studio complètement pêle-mêle. C'est normal, ils sont perturbés face à leur futur. Leur intérieur est manifestement troublé, leur environnement l'est aussi.

Évidemment, vous pouvez aussi négocier en travaillant avec les énergies universelles. Des parents m'ont confirmé un nombre incalculable de fois qu'avec l'Univers, leur adolescent avaient promptement réagi et nettoyé son environnement.

Dans le présent cas, ce n'est pas une prise de POUVOIR. C'est le rôle des parents en tant qu'éducateurs de donner des directives à leurs enfants, que ce soit par la parole ou par la pensée. La prise de POUVOIR, c'est quand vous utilisez l'Univers à l'insu de l'autre, pour influencer ses choix ou décisions, ou encore abuser de lui.

Je ne le répèterai jamais assez : **tout est énergie et tout est régi par la pensée, qui est notre liaison directe avec la loi de l'attraction.**

**Les rêves, les buts, les ambitions
sont des énergies uniques.**

VOLEUR DE TEMPS
La ruine de la vente

Cette clé du voleur de temps s'adresse à tous, mais surtout à ceux qui sont travailleurs indépendants.

Pour un vendeur, le temps, c'est de l'argent. S'il gère mal ses pensées, son temps, son esprit lui livre des pensées qui le neutralisent et ont pour conséquences :

Une mauvaise organisation du temps ;

Un emploi du temps déficient ;

Une perte de temps.

Les résultats de ses ventes seront le reflet de ce déséquilibre. Le vendeur laisse ses pensées vagabonder au gré des aléas de la vie et accepte d'investir son temps dans des impulsions momentanées.

Au lieu d'aller vendre, prospecter, tout est prétexte pour faire autre chose.

Il fait trop beau... Le monde ne sera pas motivé...

Il fait mauvais temps, c'est déprimant...

Cette période de l'année est...

Il est trop tard, maintenant...

Pour un vendeur indépendant, gérer ses pensées est essentiel pour atteindre la réussite. Dans les années 1970-1980, la motivation était la source de stimulation pour une production stable. C'est encore le cas aujourd'hui, mais les compagnies s'attardent plus à une gestion équilibrée du conscient et s'assurent d'une constance au niveau de la rentabilité.

Avec les énergies, les vendeurs deviennent des champions. En pleine récession, il y a des agents immobiliers qui ont battu des records de ventes. Des courtiers, des agents d'assurances ont réalisé des objectifs faramineux. Des vendeurs issus de tous les domaines se sont assuré de la première place dans leur milieu.

Je n'évoque pas un cas isolé. Je vous parle de l'ensemble des vendeurs qui ont appliqué les techniques de *Gestion de la Pensée*. Professionnels, ils le sont, ils connaissent leurs produits et les techniques de vente. Ce qui leur manque, c'est l'assiduité dans le rendement. Avec la *Gestion de la Pensée*, ils ont en main un processus très simple et efficace d'utilisation des énergies. Leur succès est la récompense du bon gestionnaire.

Le « voleur de temps » agit aussi sur d'autres personnes, dont ceux qui souffrent de procrastination, c'est-à-dire de tout remettre à demain, à plus tard. Beaucoup de personnes sont caractérisées par cette dépendance vicieuse, par leur manque de ténacité dans le respect de leur emploi du temps.

Avez-vous reconnu votre SABOTEUR, qui une fois de plus revient à la charge même pour gérer votre temps ? Il ne rate aucune occasion de contrôler votre vie.

Tout comme le vendeur, la fermeté de vos décisions aura gain de cause sur l'organisation, l'emploi du temps et vos succès.

LE MANQUE DE CONFIANCE
La maladie du siècle

Je vous en parlais dans la première partie de ce livre (voir le chapitre 6). Relisez ces pages pour bien saisir et surtout comprendre toute l'implication de la CONFIANCE EN SOI dans votre vie.

En conclusion, pour arriver à bien GÉRER sa vie, il faut avant tout GÉRER ses pensées. En terminant la lecture de de chapitre, vous avez réalisé que tout est une question de conditionnement mental. Cesser un seul jour son entraînement, c'est retomber dans ses vieux schémas de pensée. Vous stagnerez ou reculerez, et cela retardera l'atteinte de votre objectif.

Pour gagner, il faut d'abord PENSER, puis GÉRER, et en conclusion, vous GAGNEREZ. On ne peut inverser les étapes, c'est une règle fondamentale.

Je sais que beaucoup de personnes sautent vite aux conclusions pour GAGNER. Vous réaliserez que ce n'est pas juste en appliquant quelques formules ou quelques exercices que le tout sera joué.

Ça marchera certainement, mais pour une réussite constante, pour vivre dans l'euphorie du bonheur, les expériences partielles ne seront pas suffisantes pour vous permettre d'atteindre la béatitude.

Pourquoi se refuser ce droit aphrodisiaque quand la source maîtresse est en vous ? Vous seul pouvez répondre à cette question.

Je me suis fait un devoir de vous sensibiliser à PENSER et à GÉRER, maintenant RÉCOLTEZ !

Moi, je continue mon entraînement journalier, car pour rien au monde je ne troquerai mon bien-être.

JE GAGNE...

GAGNEZ...

Chapitre 10
La puissance du verbe
NOTRE GRANDE RICHESSE, LE VOCABULAIRE

Le vocabulaire est une grande richesse que nous possédons. Dans les mots réside toute la puissance de l'énergie créée par la pensée. Inconsciemment, nous parlons d'une façon cavalière, selon le milieu social et l'éducation.

Un tel laisser-aller est irraisonné : **l'énergie du vocabulaire** est un bien très précieux qui dort et qui peut dormir encore longtemps si, dès maintenant, vous ne réagissez pas.

Votre langage est créé par vos mécanismes de pensée conscient et inconscient. On parle sans réfléchir, on dit n'importe quoi, ce qui nous passe par la tête, histoire de meubler une conversation, de faire de l'humour, d'obtenir une réaction de l'interlocuteur, de provoquer l'interaction dans une conversation. Tout cela est conditionnel à la parole. Celle-ci est une énergie et elle diffuse ses ondes vibratoires autour de vous ; elle APPLIQUE le SENS PROPRE du terme, comme si cet Univers était doté d'une intelligence pour faire la différence entre le sens propre et le sens figuré, le sens humoristique et le sens réel du verbe.

Pourtant, l'Univers n'est pas intelligent. Pourquoi ? Parce que c'est une énergie PURE et SIMPLE. Une énergie extrêmement puissante qui impose les lois naturelles inconscientes à l'homme. Depuis toujours, l'homme a parlé, il a récolté la force du verbe sans y porter une attention particulière et toujours en subissant les contrecoups de la parole. Jamais il n'a vraiment pris conscience de la magie des mots. Il récolte les conséquences en ignorant les dommages qu'il s'inflige dans le cheminement de sa vie.

Nous parlons en enrobant nos vies d'une couleur énergétique appelée PAROLE sans avoir analysé un seul instant tout l'impact que celle-ci a sur notre vie. D'une façon machinale, nous utilisons le verbe pour exprimer notre pensée, pour échanger.

Que ce soit dans une optique de communication publique telle que les médias, les conférenciers et les professeurs, ou dans un simple échange entre une ou plusieurs personnes, les règles de base de l'énergie universelle s'appliquent inconditionnellement, que vous le sachiez ou non, que vous le réalisiez ou non, que vous le vouliez ou non. Ces règles de base s'automatisent dans tout l'Univers de la même manière qu'elles régissent la pensée.

Le jour où l'homme comprendra qu'il a le pouvoir de changer sa vie par les mots (créés par la pensée), il aura atteint la maturité. Il s'efforcera alors de saisir toutes les chances de la réussite individuelle pour accomplir sa vie selon le plan divin, c'est-à-dire en vivant heureux. Le soleil du bonheur s'installera en permanence dans son cœur.

Je vous imagine en lisant ces lignes : vous pensez que c'est peut-être une solution, mais que vous, à cause de... c'est IMPENSABLE. Votre degré de scolarité, votre éducation, votre milieu de travail... Vous ne pouvez pas croire qu'en améliorant seulement votre qualité de langage, vous pouvez modifier votre qualité de vie. Vous acceptez cette hypothèse comme assez singulière et logique. De là à croire que VOUS en avez aussi le droit, c'est autre chose. Ou bien vous reconnaissez le droit, mais l'effort vous effraie.

Ce que vous venez de lire est une offre de madame La Chance, mais que vous vous obstinez à reconnaître et à prendre en disant « merci ». Aveuglé par un sentiment d'incertitude, vous la laissez passer. « Je ne l'ai pas reconnue », me direz-vous. Maintenant, ce n'est plus une excuse.

Croyez-vous que lorsque « la chance » se présente à vous, elle prend le temps de s'identifier. « Bonjour, je suis madame La Chance, je vous apporte un merveilleux cadeau qui transformera votre vie... » Jamais cela ne se présentera de cette façon.

La chance s'identifie toujours aux coups d'éclat : un gain important, un résultat inattendu ou une occasion exceptionnelle telle qu'avoir été sélectionné pour un travail parmi plusieurs candidats. La chance se présente occasionnellement de cette façon dans la vie. Le plus souvent, elle se glisse discrètement ici et là dans notre quotidien. On la laisse passer, hypnotisé par la cohue trépidante de nos pensées incontrôlables. Elle passe et repasse sans que nous puissions la reconnaître et nous l'approprier.

Pour une fois, soyez vigilant et saisissez-la. Ne la laissez pas filer entre vos doigts une fois de plus. Cette chance unique se représentera-t-elle ? Peut-être. Quand ? La reconnaîtrez-vous ? Serez-vous prêt à la saisir ? Jusqu'à ce jour, elle est venue frapper à votre vie, et chaque fois, elle est repartie avec son merveilleux cadeau, car vous n'avez pas pu la distinguer parmi vos pensées négatives. Aujourd'hui, attrapez-la et commencez dès maintenant à exercer votre pouvoir de pensée sur votre langage. C'est une occasion unique, prenez-la !

J'ai souvent entendu dire : « Tu crois vraiment à cela ? » ou « Tu crois sérieusement ce que tu dis ? » Évidemment, je porte une attention particulière à ce que je pense et à ce que je dis. Toute l'évolution de mon être intérieur est le résultat des bienfaits de cette démarche que j'ai suivie dans ma vie, et qui mène au bonheur. « Vous ne voulez pas être heureux ? » est ma réponse. Des milliers de personnes ont une vie extraordinaire que tous envient. Je ne peux vous obliger à adhérer à une philosophie de vie. Cependant, j'ai de la peine de vous voir vivre une vie monotone alors qu'elle pourrait être épatante.

Je ne suis pas moraliste. Je n'insiste pas pour vendre à coups d'arguments percutants la philosophie de *Gestion de la Pensée*. Je n'ai rien à vendre. Je propose, tout comme madame La Chance, une méthode avec un entraînement qui vous guide à travers l'accomplissement individuel de la totalité de vos possibilités pour atteindre l'euphorie de vivre.

Je suis quelqu'un qui véhicule une technologie évoluée en croissance personnelle. Vous seul pouvez décider d'adopter une culture adaptée et simplifiée pour devenir heureux. Personne ne décidera à votre place. N'êtes-vous pas entièrement responsable de votre vie ?

Une fois pour toutes, finissez-en avec l'excuse de la fatalité et acceptez de faire un premier pas pour changer votre vie, et comme des milliers d'autres depuis des années, négociez avec l'Univers.

Les mots utilisés depuis le début de notre éducation ont une véritable portée sur le présent et sur le futur. L'ilotisme et la méconnaissance ont parrainé les erreurs et les échecs de votre vie. Maintenant, de plus en plus, vous réalisez que beaucoup de situations auraient pu être évitées, d'autres améliorées. Il est trop tard pour regretter votre ignorance ou culpabiliser. Il est temps de passer à l'attaque et de commencer à négocier avec l'énergie de l'Univers pour l'accomplissement de l'être extraordinaire que vous êtes.

Gérer son vocabulaire, comme gérer ses pensées, demande attention et écoute. La parole est sonore. En connaissant les règles qui personnalisent l'énergie, l'entraînement du sens de l'ouïe sera facilité.

Chapitre 11
Trois règles d'or
LA PLUS GRANDE DÉCOUVERTE DU SIÈCLE

Ne croyez pas que je sois présomptueux en disant que c'est la plus grande découverte du siècle. Pas du tout ! On dit que toute vérité n'est pas bonne à dire, et je crois qu'on nous l'a cachée depuis longtemps. Il y a certainement eu avant moi des messagers (Jésus, Bouddha, Krishna, etc.), des scientifiques, des physiciens et plus encore qui connaissaient ces règles. Soit ils les ont ignorées, soit ils n'ont simplement pas eu le courage d'en assumer le partage. Il est aussi possible que ce ne fut pas le moment et que l'Univers n'a pas osé informer qui que ce soit dans le passé. Qui sait ?

Les trois règles d'or sont la base de tout le fonctionnement de l'humain. Vous devez les imprimer dans votre mémoire. Ces trois règles sont primordiales pour le raisonnement de vos pensées, la création de vos formulations et la transmission du verbe.

L'UNIVERS est régi par les mêmes règles que les autres énergies : l'eau, le vent, le feu et la terre.

- **Elle ne pense pas ;**
- **Elle ne réfléchit pas ;**
- **Elle n'analyse pas.**

Répétez ces trois règles très souvent dans votre tête ou à haute voix pour qu'elles deviennent un conditionnement mental automatique.

« Elle ne pense pas, ne réfléchit pas et n'analyse pas. » Dès lors, vous éviterez une multitude d'erreurs en appliquant cette base de données. Ce sont les CLÉS de votre mécanisme de pensée.

Au début de votre entraînement dans l'utilisation de l'énergie de l'Univers, je vous suggère de comparer l'énergie à quelque chose de palpable. En fait, c'est l'unique différence, mais elle est bien importante. L'eau, le vent, le feu et la terre sont des matières tangibles.

- **L'eau :** Pure ou polluée, bonne ou mauvaise, chaude ou froide.

- **Le vent :** Doux, câlin ou froid. Violent et glacial.

- **Le feu :** Réchauffe pour le confort ou devient un incendiaire dément.

- **La terre :** Organique, cultivable, sèche, sablonneuse, aride, humide...

Chaque élément est une matière tangible. Avec la peau, vous ressentez une sensation physique : l'énergie perceptible, visible mais très réelle. Aussi authentique que toutes les autres. L'Univers, c'est une énergie.

Imaginons qu'en fin de soirée, vous décidiez de vous préparer une tisane de camomille. L'eau bout ; dans votre armoire, vous prenez un sachet sans regarder l'emballage, vous l'ébouillantez. Vous buvez la première gorgée et vous réalisez votre erreur. Au lieu de la camomille, vous avez pris une autre saveur, par inattention. Votre tasse d'eau bouillante aurait-elle pu vous dire : « Tu te trompes, c'est une tisane de tilleul. » Non. Pourquoi ?

L'eau ne pense pas, ne réfléchit pas, n'analyse pas. L'Univers, cette énergie impénétrable, réagit exactement comme l'eau. Elle ne pense pas, ne réfléchit pas, n'analyse pas.

Réalisez-vous que l'Univers entraîne des conséquences énergétiques sur la vie ? Un flot d'erreurs commises, en pensée ou en parole, indéchiffrable... Vous en avez commises des milliers depuis toujours. Commencez dès maintenant à utiliser l'énergie de l'Univers avec les autres lois proposées plus loin. Elles seront utiles dans votre démarche parce que ces trois RÈGLES D'OR et ces autres lois seront les piliers de votre croissance personnelle.

Vous   Moi, je prie et je demande à Dieu de...

D.S.   Nous avons été créés pour chanter la louange de Dieu exactement comme les anges. Pas pour lui demander ceci ou cela. D'ailleurs, c'est Lui qui a conçu cette énergie de l'Univers pour nous. Apprenez à vous en servir selon les consignes proposées. Le Père Céleste serait très heureux maintenant que vous utilisiez la magnifique énergie qu'Il a créée pour nous.

Vous   Souvent, je dis « À la grâce de Dieu » ou « Que le meilleur m'arrive. »

D.S.   Pourquoi refusez-vous l'énergie qu'Il a créée, lui confiant la tâche d'en disposer à son gré pour l'un ou l'autre d'entre vous, selon Sa volonté ?

Vous   C'est ce que j'ai appris.

D.S.   Vous avez raison. Aujourd'hui, je vous apprends autre chose. Voyez-y la logique de l'explication. Dieu est juste et parfait. Comment expliquer toute la misère et la pauvreté ? Vous trouvez cela juste ? Est-ce qu'une sommité d'élévation spirituelle a dit que nous étions sur Terre pour souffrir et pleurer ?

Vous   L'éducation religieuse... La religion...

D.S.   Qui a créé les religions ?

Vous   L'homme.

D.S.   L'homme s'est servi des messages divins pour les adapter à l'évolution de l'humanité. Ce qu'il a conçu et réglementé faisait partie du plan divin pour lui permettre d'évoluer en équilibre jusqu'à ce jour. Si l'homme avait l'énergie divine en lui et qu'il en avait prolongé la science en l'an 71 ou 813, en l'an 1022, 1427 ou 1940, ou même plus récemment, l'humanité n'aurait pas compris.

Vous   Jésus, qui est venu sur Terre, faisait des miracles. Il nous a enseigné la foi en Dieu.

D.S.   Évidemment transmise par ses apôtres et d'une personne à l'autre jusqu'à nous. Lorsque Jésus faisait un miracle, il concluait en disant : « Ta foi t'a sauvé. » La foi était la façon dont le miraculé pensait : il croyait en la puissance divine du Christ et le miracle se produisait. Le Seigneur, tout comme nous, utilisait la pensée. Il a voulu donner du pain et des poissons à des milliers de personnes sur la montagne, cela fut fait... Il a dit : « Avec ta foi, tu peux déplacer des montagnes. » Réalisez que la divinité en nous est reliée en totalité à notre mécanisme de pensée créé par Dieu. Servez-vous-en honorablement avec amour, chantez la louange de Dieu et de toute la hiérarchie céleste en priant et en faisant des ÉQUIVALENCES, sujet que nous verrons dans un chapitre à venir.

Prier Dieu, c'est aider l'homme. Parce que les énergies bénéfiques reviennent au service de l'homme.

Revenons à l'énergie de l'Univers, qui ne pense pas, ne réfléchit pas et n'analyse pas. Vous comprenez que sa source est inépuisable. Comme les autres énergies, elle a été créée par Dieu.

Souvent, les gens me disent : » Ça va trop vite, ça marche, j'ai un peu peur, j'ai aussi peur qu'elle arrête tout simplement. » Je les comprends, parce que cette énergie extraordinaire est tout simplement impressionnante.

Pourquoi se restreindre à utiliser un fluide fantastique ? Il nous appartient. Vous refusez-vous de respirer, de consommer de l'eau et d'utiliser les autres énergies ? Non. C'est naturel de s'en servir mécaniquement, consciemment ou inconsciemment. La vitalité humaine est régie par ses énergies. Sinon, il n'y aurait pas de vie. Alors, pourquoi se refuser l'énergie divine de l'Univers ?

Avant vous l'ignoriez, maintenant vous le savez.

Chapitre 12
La valeur des mots
L'ÉNERGIE DU VERBE

Chaque mot utilisé contient sa propre ressource énergétique, qui influence et forge la vie. Voici quelques exemples que vous employez avec des conséquences néfastes dans votre vie :

- Ce n'est pas pire que... ;
- Cela pourrait être pire ;
- Pas de problème ;
- Pas si mal ou pas mal ;
- Pas possible ;
- Cela n'a pas de sens ;
- C'est effrayant ;
- C'est épouvantable ;
- C'est l'enfer ;
- Ça me déchire ou ça déchire ;
- Etc. (Il y en a des centaines d'autres).

Vous remarquez que tous ces exemples font partie de votre vocabulaire, et cette liste s'allonge. Faites votre propre liste par plaisir personnel. C'est surtout un bel exercice pour améliorer sa pensée, son langage et son sort. Évitons les mots aux connotations négatives. Ils tracent leur caractère et laissent leurs marques.

Un jour, je parlais à quelqu'un au téléphone et il avait une perte de mémoire : « Je pense que je commence à faire de l'Alzheimer. » Je lui fis remarquer que ce qu'il avait dit était dramatique parce qu'il demandait inconsciemment à l'Univers de vivre cette maladie. Vous connaissez sûrement quelqu'un qui disait souvent : « Je ne veux pas vivre avec le cancer ! » De quoi est-il mort ? Du cancer.

Arrêtez votre lecture quelques instants et analysez votre propre façon de penser et de parler. Ce qui est important, à partir de maintenant, c'est d'être ATTENTIF à vos paroles. Ne vous créez pas une pression mentale afin d'atteindre la perfection momentanément. Soyez à votre écoute. Graduellement, l'expérience de l'entraînement produira ses effets et vous aurez le verbe et les mots justes.

Lorsqu'on me demande comment je vais, je réponds : « Merveilleusement bien. » Vous savez pourquoi ? Parce que c'est vrai, et en plus, j' « énergise » mon demain, pour qu'il soit tout aussi merveilleux. Nous possédons une langue riche en vocabulaire. Cependant, nous préférons les diminutifs ou le négatif au lieu de projeter une pensée magistrale. Vous vous attirez inconsciemment du bien ordinaire ou encore de la malédiction.

Comme le langage est le reflet de la pensée et que la pensée est une énergie, elle est régie par les trois règles d'or. Pour une parfaite communication avec les mots, il est impératif de porter son attention sur la sixième et la septième loi du monde de l'Univers.

Chapitre 13
L'Univers

LE CŒUR HUMAIN ET SES PENSÉES, SI PUISSANTS QU'ILS SOIENT, NOUS ONT ÉTÉ DONNÉS SANS MODE D'EMPLOI

C'est avec une grande joie et une complète félicité que je vous introduis à la technique d'utilisation de l'ÉNERGIE de l'UNIVERS. À vous de bénéficier de cette grande force mystérieuse et pourtant vivante.

Beaucoup de gens ont l'attitude du PROUVEZ-LE-MOI, comme s'ils partaient en guerre à la seule idée d'expérimenter une nouvelle science. Pour eux, atteindre le succès et le bonheur par quelque méthode que ce soit demeure complexe, même au travers de la philosophie, la recherche médicale ou la psychanalyse. En réalité, les gens craignent de s'ouvrir à la nouveauté. Ils se méfient du changement.

Ils n'ont pas foi en l'immense puissance en réserve dans leur subconscient. Ils ne savent pas utiliser les moyens qui la mettraient en œuvre.

À quoi vos années d'études vous ont-elles préparé ? Avez-vous appris comment réagir à la mort d'un être cher, à un revirement de fortune, à une déception amoureuse, à la recherche d'un conjoint, à vivre seul ou avec les autres ? Que vous ont vraiment apporté vos études à propos de l'intelligence universelle de la puissance divine, du pouvoir inépuisable grâce auquel vous pourrez dorénavant orienter votre vie ?

Aussi longtemps que nous vivons, nous avons le privilège de modifier nos valeurs, de changer notre perception sur différents sujets et de nous épanouir constamment.

L'homme de l'avenir ne vivra plus aucune crainte parce qu'il sera conscient de son union avec le pouvoir omniprésent.

Chapitre 14
Les ordonnances

CONSIGNE IMPORTANTE
POUR LES FORMULATIONS, LES AFFIRMATIONS

Les ordonnances sont au nombre de six. Règles subtiles du fonctionnement de la pensée, elles sont très importantes pour rester en liaison avec l'Univers.

Ces ordonnances sont des consignes à observer dans la formulation des ordres pour que ceux-ci soient exécutés. Ce sont des conditions à remplir pour que vos formulations soient en communion parfaite avec l'Univers. Des règles impératives à mémoriser pour obtenir le but visé.

PAS DE CHIFFRES !

Pour l'Univers, les **chiffres** n'existent pas en tant que quantité. Cependant, ils sont présents comme moyen d'identification. Reliés à un élément de la matière, ils deviennent une vibration énergétique. Ainsi, les chiffres représentant une quantité ne peuvent pas être utilisés dans vos formulations. Cependant, vous pouvez employer des chiffres servant à identifier un dossier, un produit ou une porte, du fait qu'ils existent dans la mémoire de l'Univers.

L'Univers, qui est une énergie parfaite, reçoit une demande formulée au moyen de numéros et met en activité sa puissance pour exaucer le demandeur.

PAS DE POIDS !

Logiquement, comme les chiffres n'existent pas sous forme d'énergie, il en résulterait que vous ne pourriez pas utiliser votre pensée pour perdre du poids. Or, il n'en va pas ainsi ! Il y a un moyen de trafiquer les affirmations pour obtenir ce résultat. Il existe une façon détournée de procéder, qui consiste à éviter de mentionner le poids visé. Vous pouvez recourir à toutes les possibilités pour valider vos intentions en ce qui concerne le poids.

Pour perdre du poids, il faut émettre les formulations avant chaque repas, même le petit-déjeuner. Attention ! Si vous le faites de façon irrégulière, vous ne perdrez pas de poids. Il faut l'énoncer chaque fois que vous vous apprêtez à manger.

Univers Infini, tout ce que je mange et tout ce que je bois me fait maigrir et je reste en parfaite santé immédiatement.

Univers Infini, rapetisse mon estomac immédiatement.

Cette dernière formulation est un véritable coupe-faim. Quand vous avez une fringale, énoncez cette formule, et la faim ou la gourmandise cessera immédiatement.

PAS DE MESURE !

C'est logique : comme les chiffres n'existent pas, les **mesures** sont aussi inexistantes. Que ce soit en mètre ou en litre, il est impossible de les employer dans les injonctions que vous adressez à l'Univers.

Imaginons que vous projetez de séparer une pièce par des tentures. Vous avez donc pris vos mesures pour acheter le nombre de mètres carrés de tissu qu'il vous faut. Vous achetez un imprimé qui vous plaît, mais qui est en fin de série, et vous entamez le travail. Or, en cours de route, vous vous rendez compte qu'il vous manque trois mètres de ce tissu dont vous avez acheté le dernier lot.

En gérant bien vos pensées, vous aurez la possibilité de vous procurer le tissu manquant. Vous êtes sceptique ? ARRÊTEZ d'accepter la pensée sociale, la pensée collective. Souvenez-vous donc du POUVOIR de changer la situation.

TOUT COMMENCE PAR LA PENSÉE. Si vous acceptez l'avertissement de la vendeuse comme étant la vérité, vous ne trouverez jamais le tissu manquant, alors que si vous décidez du contraire dans les règles de l'art, vous vous le procurerez.

Nous n'avons pas à savoir comment la chose se produira. L'IMPORTANT, C'EST LE RÉSULTAT. Quand vous visez un objectif, il faut le considérer comme étant déjà atteint. Peu importe la démarche. Souvenez-vous :

L'impossible devient possible !

PAS DE DISTANCE !

La **distance** n'existe pas dans le monde de l'énergie. La pensée comme la parole sont émettrices d'énergie ; elles font le tour de la Terre en une seconde et nous reviennent. La pensée étant liée à cette fabuleuse énergie, la notion de distance ne s'y applique pas.

Cela explique qu'il vous soit souvent arrivé de penser à quelqu'un et que cette personne vous téléphone peu après. Vous pouvez donc utiliser votre pensée pour contacter une personne dont vous êtes sans nouvelles depuis un certain temps et que vous ne pouvez joindre parce que vous avez perdu ses coordonnées.

« Aryane me téléphone dans les plus brefs délais et on se parle. »

Avez-vous saisi le détail ? « ... et on se parle. » Il est important de le mentionner, sinon, il y a un risque qu'Aryane vous téléphone pendant votre absence.

PAS DE TEMPS !

Ce qu'il y a d'intéressant dans l'Univers, c'est que le **temps** n'existe pas. Sur la Terre, nous sommes régis par des heures, des jours, des semaines, des mois et des années. Dans le monde de l'énergie, cette notion est inutile. Le temps, qui est limitatif, est aussi une mesure. Il est cependant impératif de conclure chaque formulation se rapportant au temps par l'une ou l'autre des formules suivantes. L'inobservance de cette exigence provoque souvent une défaillance dans le **fonctionnement** du mécanisme. Aussi, après chaque formule, vous devez conclure par :

IMMÉDIATEMENT OU DANS L'IMMÉDIAT

S'il est possible que la réalisation
se produise dans moins de 30 minutes.

DANS LES PLUS BREFS DÉLAIS

Si, dans une certaine logique,
il est impossible que la réalisation
ait lieu dans les 30 minutes.

AUJOURD'HUI OU CE SOIR

Il est aussi possible
de déterminer le moment de la réalisation.

Notez qu'il m'arrive parfois d'oublier la notion du temps, même pour une simple place de stationnement... et alors, je tourne en rond avant d'en trouver une. Cela prouve que RIEN n'est acquis, même pour moi.

PAS D'ARGENT !

L'argent est aussi une énergie. Comme les chiffres n'existent pas, vous ne pouvez pas, par vos pensées, formuler des demandes concernant des sommes d'argent, comme par exemple :

- J'ai une augmentation de salaire de telle somme.

- J'achète tel article au prix de...

Mais vous pouvez exprimer votre formulation de la façon suivante :

- Mon patron m'octroie une généreuse augmentation de salaire avec bonheur dans les plus brefs délais.

- J'ai l'occasion rêvée d'acheter tel article à un prix raisonnable et acceptable de part et d'autre en concluant le marché dans les plus brefs délais.

Occasionnellement, on pourrait remplacer toute mention de prix spécifique par une expression comme « un prix ridicule ». Mais attention ! Il faut éviter de prendre du pouvoir sur les autres. De plus, on ne peut utiliser le mot *ridicule* que dans des situations exceptionnelles.

Par exemple, vous ne voulez pas dépenser une grosse somme d'argent pour vous habiller à l'occasion d'un mariage, parce que vous savez que ces vêtements ne vous serviront pas une deuxième fois. Dans un tel cas, vous pourriez conclure votre formulation en employant l'expression « prix ridicule ».

De même, vous souhaitez acheter un vélo pour en faire occasionnellement avec vos enfants. Vous ne voulez pas investir beaucoup dans un achat qui ne vous servira pas souvent. Vous pouvez dire : « J'ai l'occasion rêvée d'acheter un vélo d'occasion en parfaite condition à un prix ridicule dans les plus brefs délais. »

Avez-vous remarqué que j'ai précisé « d'occasion » ?

Si vous utilisez votre pensée pour abuser de l'autre ou pour exercer votre pouvoir sur lui, l'Univers se chargera de vous rappeler à l'ordre.

Rien ne nous est épargné !

Que ce soit de manière consciente ou inconsciente, que nous connaissions ou ignorions les lois de l'Univers, nous sommes tous régis par le même fonctionnement.

L'Univers ne pense pas,
ne réfléchit pas et n'analyse pas.

C'est toujours selon l'intention du cœur que fonctionne notre relation avec l'Univers. Si vos intentions sont malhonnêtes, il fera en sorte que vous soyez à votre tour victime d'une personne malhonnête. Pourquoi ? À cause de la loi du retour.

Chapitre 15
Les lois
LA LOI, C'EST LA LOI !

Jusqu'à maintenant, nous avons vu que l'Univers est régi par des **règles** et des **ordonnances.** L'Univers est aussi soumis à des **lois,** qui sont au nombre de huit.

LA PRÉCISION !

Si on dit tout simplement : « Que le meilleur m'arrive ! » ou « Je vais de mieux en mieux », la formulation conviendra-t-elle ? Non ! Pourquoi ? Parce que l'Univers ne pense pas, ne réfléchit pas et n'analyse pas.

De quel « meilleur » parle-t-on ? À quel moment commencerai-je à aller vraiment bien ?

La **précision** est IMPÉRATIVE dans les formulations. Si votre formule est plutôt vague, vous obtiendrez un résultat tout aussi vague. La **précision** fera toute la différence dans le succès de votre démarche. Plus vous serez précis, plus les résultats seront impressionnants.

Évitez la dentelle, c'est-à-dire les mots vides de sens ou inutiles. On doit toutefois y mettre du superlatif afin de dynamiser la réussite. Tout est là. Votre réussite dépend de la précision de vos formulations. En donnant une idée trop générale à une démarche particulière, vous vous exposez à des déceptions. Plus vous serez précis, plus les résultats seront concluants par rapport à vos intentions.

Un jour, une personne m'a dit : « Quand je prendrai ma retraite, pourvu que j'aie le strict nécessaire... » Mais qu'est-ce que le strict nécessaire ? C'est du pain et de l'eau. Or, vous avez le droit de vivre dans l'abondance, mais encore faut-il le formuler.

LA DOUCEUR !

La **douceur** est une loi naturelle. Il ne faut jamais agresser l'Univers. Quand le quotidien est harmonieux, il est normal d'énoncer sa formulation dans le calme et la sérénité. C'est lorsque la contrariété nous assaille qu'il est particulièrement important de se rappeler que la **douceur** est une loi de l'Univers. Il ne faut jamais agresser l'Univers quand on émet une formulation.

Les enfants observent naturellement cette loi. Ils n'ont aucune notion de psychologie et pourtant, lorsqu'ils veulent obtenir quelque chose, ils ont recours à la douceur. Les adolescents agissent aussi de cette façon, même lorsqu'ils sont en conflit avec leurs parents et que la guerre est déclarée. Le calme revient alors momentanément dans la relation, puis, dès que les jeunes ont eu gain de cause, la guerre recommence. Comme je le disais, ils obéissent naturellement à cette loi.

Il faut une très grande maîtrise de soi pour arriver à de tels résultats. Plus vous vous exercerez à cette maîtrise, plus elle fera partie intégrante de votre personne. La douceur deviendra pour vous une seconde nature, s'ajoutant à la première, qui consistera à bien gérer vos pensées, les deux formant un tout.

Aussi, en usant de douceur dans vos formulations ponctuelles dans les situations difficiles, votre comportement, votre attitude et vos réactions en seront imprégnés. Vous maîtriserez chaque imprévu avec aisance et vous garderez une emprise parfaite sur toute circonstance. Le **calme** viendra s'ajouter à la liste des qualités inhérentes à votre personnalité.

LE RESPECT !

Quel lien le **respect** peut-il bien avoir avec les lois de l'Univers ? Tout est énergie. Quelle que soit la matière – terre, pierre, eau –, elle est avant tout de l'énergie. Toutes les formes de matière sont de l'énergie : la nourriture, la nature, les briques, le ciment, l'asphalte, TOUT.

Par exemple, vous stationnez votre voiture. L'espace de stationnement que vous occupez est bien plus que de l'asphalte peint avec des lignes blanches ou jaunes. C'est avant tout UN ESPACE EN ÉNERGIE.

Quand vous accaparez deux places de stationnement par négligence ou dans la hâte, vous avez à payer la deuxième place en énergie. Vous possédez une seule voiture, donc vous avez droit à une seule place en énergie.

Vous avez certainement remarqué qu'à l'hôtel, beaucoup de personnes laissent toutes les lumières allumées quand elles s'absentent de leur chambre. Elles devront payer en énergie cette perte énergétique.

En nous enregistrant à la réception d'un hôtel, nous devenons responsables de l'énergie de la chambre qui nous abritera. Nous avons le droit d'utiliser cette énergie pour notre confort, puisque c'est à cela que sont destinées les chambres d'hôtel. Certes, la comptabilité énergétique varie selon les cultures. Mais tout doit se payer d'une manière ou d'une autre.

Dans les restaurants libres-services, il est d'usage de débarrasser la table après le repas et de déposer les plateaux à l'endroit indiqué à cette fin. Or, je constate que beaucoup de personnes, surtout des adultes, laissent leur plateau sur la table et quittent la salle comme s'ils étaient rois et maîtres des lieux. Ils contractent ainsi une dette énergétique.

Vous jetez un papier par terre. Encore une dette de nature énergétique. La seule façon de ne pas s'endetter à cause d'un vieux papier est de le jeter à la poubelle.

Longue est la liste des différentes situations où l'on gaspille de l'énergie. Tout le monde, ou presque, sait d'instinct ce qu'il convient de faire. Pour émettre et attirer de bonnes vibrations, il faut être en communion avec l'énergie. C'est un tout. Tout ce qui se vit à l'intérieur se reflète à l'extérieur. Le respect est une nourriture énergétique qui permet d'augmenter les taux vibratoires de la personne qui s'y applique ou qui l'exerce tout naturellement. L'irrespect se paie en énergie.

Que signifie « payer en énergie » ? Supposons que vous ayez une grippe. Au lieu de guérir normalement, elle se prolonge sur plusieurs semaines. Cette persistance de la maladie signifie que vous payer une facture énergétique. Il en va de même d'une convalescence qui dépasse le terme prévu. Supposons encore que vos projets stagnent lamentablement. Rien ne bouge ou à peine. C'est le signe que vous remboursez une dette en énergie. Les embûches se multiplient, vous avez l'impression de faire du surplace, vous tournez en rond et cela depuis plusieurs mois. Vous payez tout simplement une facture énergétique.

Comment se fait-il que je sache tout cela ? N'étant pas physicien, je ne saurais vous donner une réponse scientifique. Mais je sais. Tout est lié. Nous ne sommes que de l'énergie dans un océan d'énergie. Quand nous respectons la matière énergétique, notre taux vibratoire varie toujours selon notre comportement, notre attitude et nos actions.

LA FIXATION !

Maintenant, la **fixation.** Pendant une journée, vous pouvez émettre autant de formulations différentes que vous le désirez. Mais ne les répétez pas plus de trois fois afin d'éviter d'**agresser** l'Univers. Dès que vous aurez obtenu quelques réussites, vous ambitionnerez de formuler certains objectifs auxquels vous tenez. Votre emballement risque alors de vous faire répéter trop souvent la même demande, au point de créer chez vous, le demandeur, une forme d'**obsession.** Or, on est très loin du bonheur avec une pensée obsessionnelle.

164

Pouvez-vous imaginer qu'on puisse faire jusqu'à une centaine de formules différentes par jour ? C'est extraordinaire ! Pourquoi m'en priverais-je ? L'énergie est là, je n'ai qu'à me servir. Faites-en autant et vous verrez.

Il existe des formulations dites « ponctuelles », comme trouver une place de stationnement, faire cesser les pleurs d'un enfant ou le ronflement de son ou sa partenaire, se débarrasser d'un mal de tête, bref, des formulations pour toutes les événements qui dérangent. Dès que je me trouve dans une situation qui m'incommode, j'utilise l'Univers pour en changer le cours. Je formule généralement ma demande UNE seule fois.

Pour mes projets à plus long terme, je sollicite l'Univers trois fois au cours de la journée. Il faut toutefois éviter de le faire trois fois de suite. Je formule ma demande une première fois au début de la journée. Voici alors ce qui se passe :

> Ma pensée s'imprime en énergie autour de la planète en corrélation avec l'Univers, puis, petit à petit, son énergie s'estompe.

À la deuxième formulation, ma pensée reprend contact avec l'Univers et la planète, pour finir, encore une fois, par s'estomper doucement, tout comme précédemment. Enfin, le soir venu, avant de me coucher, je refais la même demande, laquelle reprend à nouveau le contact. Ma pensée reste donc toujours en activité entre l'Univers et la planète. Ainsi, un processus d'accélération se met en place et mes buts sont atteints beaucoup plus vite.

Plus vous ferez de formulations, plus votre vie se transformera en une réalité réalisée. Votre quotidien deviendra léger malgré, parfois, une période difficile à vivre ; votre attitude sera beaucoup plus sereine, votre caractère s'assouplira, votre état d'esprit sera plus zen et votre taux vibratoire se transformera en un flux énergétique optimal en conformité avec la loi de l'ATTRACTION.

AVOIR FOI ET CONFIANCE !

C'est une question de temps et d'expérience. Si vous me demandiez si j'ai des doutes, je vous répondrais que je n'en ai aucun, même si mes formulations peuvent parfois paraître extravagantes. Il y a bien longtemps que le doute n'existe plus dans ma vie. Chaque fois que le doute survient, votre formulation s'annule. Les lois de l'Univers indiquent qu'en utilisant votre énergie dans les règles de l'art, vous changerez toute votre vie. Vous ne pouvez vous attendre à une générosité de sa part si vous doutez déjà des résultats au moment de votre demande.

L'Univers est une énergie qui ne pense pas, ne réfléchit pas et n'analyse pas. Il agit toujours parfaitement selon l'intention du penseur. Il l'a toujours fait jusqu'à maintenant, car depuis votre naissance, vous y êtes lié. Mais, ignorant son fonctionnement, vous vous êtes attiré mille et une situations indésirables qui auraient facilement pu être évitées ou transformées si vous aviez été éduqué en ce sens.

Plus vous vous impliquerez dans votre nouvelle relation avec l'Univers, plus votre vie sera enviable. Finalement, chez vous aussi, le DOUTE s'estompera définitivement. Je reviendrai sur le doute afin que vous en compreniez l'origine et que vous sachiez comment on arrive à en avoir un parfait contrôle.

LÂCHER PRISE !

Le **lâcher prise** ne fait pas partie des lois de l'Univers, c'est un plus que je vous apporte afin de mieux gérer le DOUTE et les situations difficiles.

C'est facile à dire, mais comment LÂCHER PRISE lorsqu'une situation trouble empoisonne votre vie ? Vous avez confiance dans l'intervention de l'Univers, mais parfois, un soupçon de doute se manifeste, vous déstabilise et vous ramène dans vos chimères du passé.

En sollicitant l'Univers dans une démarche, vous pouvez être certain qu'il agira. Il ne le fera pas toujours de la manière attendue ou dans le délai espéré, mais il agira, et même, parfois, à la toute dernière minute. Peu importe, il est certain que vous obtiendrez le résultat escompté si votre affirmation est correctement formulée.

Je vous propose une technique de LÂCHER PRISE. Elle fonctionne à merveille. Prenez une feuille vierge. Dans le coin supérieur gauche, tracez un cercle (il n'est pas nécessaire que le cercle soit parfait, mais il est important qu'il soit bien fermé, c'est-à-dire qu'il ne reste aucune ouverture) et, dans le coin inférieur droit, tracez-en un deuxième. Réunissez ensuite ces deux cercles par une ligne qui représente une sorte de cordon ombilical.

Dans le cercle du haut, écrivez votre nom ; sur le cordon, inscrivez « je lâche prise » ; dans le cercle du bas, indiquez le sujet du « lâcher prise ».

Par exemple : mes angoisses, mon stress, mes inquiétudes, mes peurs, mon conflit avec Pierre, l'attente de mon nouvel emploi, ma promotion, etc. Dans le cercle du bas, il faut mettre un seul « lâcher prise » par expérience. Ce cercle n'est pas un saladier, on ne peut y mettre plusieurs situations d'un seul coup, mais on peut faire plusieurs « lâcher prise » dans une même journée.

Quand vous avez bien précisé votre « lâcher prise », il faut déchirer ou couper votre feuille. Vous en faites deux boulettes (pas trop compactes) et vous les faites brûler. Il faut s'assurer que tout le papier est consumé. Il n'y a pas de rituel à suivre. Vous le faites brûler tout simplement dans un feu de cheminée ou dans une casserole, à l'extérieur de la maison. Vous pouvez faire autant de « lâcher prise » que vous voulez, mais toujours un seul par expérience.

À titre d'exemple, vous trouverez sur la page suivante un dessin résumant la technique de LÂCHER PRISE.

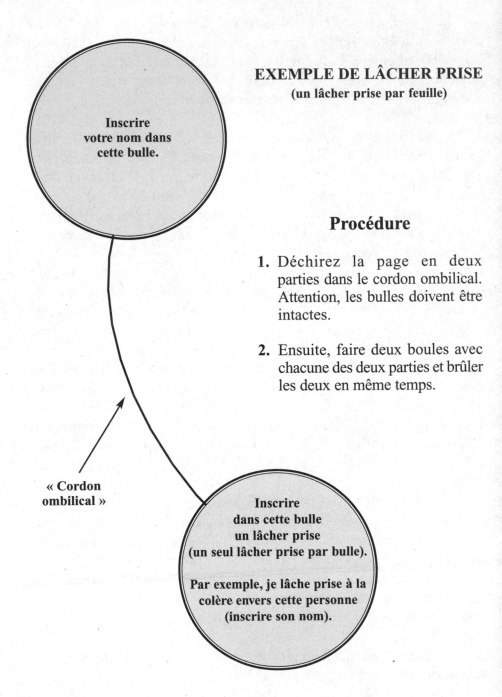

EXEMPLE DE LÂCHER PRISE
(un lâcher prise par feuille)

Inscrire
votre nom dans
cette bulle.

Procédure

1. Déchirez la page en deux parties dans le cordon ombilical. Attention, les bulles doivent être intactes.

2. Ensuite, faire deux boules avec chacune des deux parties et brûler les deux en même temps.

« Cordon
ombilical »

Inscrire
dans cette bulle
un lâcher prise
(un seul lâcher prise par bulle).

Par exemple, je lâche prise à la
colère envers cette personne
(inscrire son nom).

LES APOSTILLES !

Je tiens à vous mettre en garde. Lorsque vous obtiendrez une réussite, acceptez que l'Univers ait mis en place les énergies conséquentes pour vous. À la suite d'une réussite, évitez ces remarques suivantes : « C'est un coup de chance, c'est le hasard. Ça serait arrivé quand même. C'était prévu comme ça. » Et quoi encore ? Ce type de réflexion mettrait fin à la relation énergétique existant entre l'Univers et vous pour une durée de sept ans. Encore une fois, je ne peux vous dire comment je le sais, mais je le sais, et des expériences vécues par diverses personnes le confirment.

Une apostille est un ajout écrit dans la marge d'un document. Quand, chez un avocat ou un notaire, vous apposez vos initiales dans un document pour approuver une modification dans un paragraphe ou une confirmation en bas de page, votre paraphe est une apostille.

Se mettre en marge de l'Univers veut dire ne pas reconnaître que c'est lui qui est intervenu dans l'atteinte du but visé. Il ne faut pas prendre cette loi comme une punition, mais bien comme un avertissement. Je vous rappelle qu'il faut éviter de se servir des énergies inutilement. L'Univers est très sensible. En ne reconnaissant pas sa générosité, vous vous séparerez de lui.

Lorsque vous faites une remarque désobligeante, l'Univers réagit pour sauvegarder les réserves énergétiques. Bien qu'elles soient inépuisables, si tout le monde dilapide les énergies n'importe comment sans aucun respect, notre planète sera un jour en panne sèche. Ce n'est pas pour demain, évidemment, mais il faut tout de même assurer la survie de la planète Terre.

LA CONJUGAISON !

Il est IMPÉRATIF d'énoncer vos formulations au **présent**. Le temps n'existant pas, il est très important de conjuguer vos formulations au **présent**. Aussi, vous devez choisir le temps des verbes que vous utilisez dans une simple conversation. En parlant au futur ou au conditionnel, vous retardez l'atteinte du but visé. L'énergie de l'Univers est très sensible et celui-ci n'accepte que ses propres lois. Plus vous parlerez en utilisant un verbe soigné, plus votre vie s'améliorera au rythme de votre engagement. Il s'agit simplement d'être attentif à tout ce que vous dites. Il faut s'entendre parler. Il faut s'écouter penser.

Tout est une question d'énergie. En pensant et en parlant au PRÉSENT, vous activez la matière énergétique et, en même temps, votre taux vibratoire augmente sa puissance par la loi de l'ATTRACTION.

Vos pensées et vos paroles sont la matière première de vos vibrations. Un choix judicieux des verbes utilisés est très important. En matière de linguistique, le premier mot que je ferais bannir du dictionnaire serait le verbe **espérer.** Quand vous espérez, vous acceptez déjà la réussite, mais aussi l'échec. Si vous atteignez votre objectif, ce sera merveilleux, mais si jamais vous ne l'atteignez pas, ce ne sera pas grave. Inconsciemment, c'est ainsi que votre esprit conscient, qui est relié à l'Univers, transmet les données.

Je ne souhaite rien non plus, parce que le verbe **souhaiter** implique un transfert d'énergie. Quand je souhaite à quelqu'un de vivre une merveilleuse journée, je partage avec lui mon énergie pour combler ses propres intentions. Avez-vous remarqué que j'ai dit « **vivre** » au lieu de « **passer** » une merveilleuse journée ? Le mot **vivre** renferme beaucoup d'énergie, tandis que le mot **passer** sous-entend qu'on dit à l'énergie de passer par-dessus, auquel cas le destinataire de votre message ne reçoit rien.

Des verbes tels que *je patauge, je rame, j'en arrache, ça me gonfle, je piétine* et bien d'autres font que vous stagnez dans la réalité. Vous tournez en rond, vous faites du surplace et vous ne comprenez pas pourquoi. Changez votre façon de parler et vous porterez votre énergie à son degré optimal. Votre taux vibratoire attirera ainsi facilement des solutions par la mise en place de bonnes énergies.

Je ne veux rien. Pourquoi ? Parce que j'ai tout. Mais non ! Le verbe **vouloir** est jumelé au verbe **pouvoir.** Quand vous voulez quelque chose, vous donnez le pouvoir à l'autre et à l'énergie, selon la personne à qui vous vous adressez. Quand vous demandez à votre enfant de faire ceci ou cela, vous venez de lui donner le pouvoir ; il le fera quand il aura décidé du moment. Avez-vous remarqué que chaque fois que vous voulez une chose, son avènement est souvent retardé ou que des embûches se dressent sur son chemin ?

C'est que, inconsciemment, vous donnez le pouvoir à l'autre. Qui plus est, quand vous utilisez le verbe **vouloir** dans vos affirmations ou vos formulations, vous donnez le **pouvoir** à l'Univers d'agir selon son bon vouloir. Bien qu'il ne pense pas, ne réfléchisse pas et n'analyse pas, il fonctionne toujours conformément à la réalité du verbe énergétiquement employé. Rappelez-vous ceci :

ELLE M'APPARTIENT.
JE LA PRENDS.
ELLE EST À MOI.

Je parle ici de la matière première, soit l'énergie de l'Univers. On n'a rien à demander, on a juste à décider et c'est réglé. Selon votre éducation ou votre milieu familial, on vous a appris à demander à une divinité de tel ou tel culte.

Or, ce qui est **fabuleux,** c'est qu'on n'a rien à demander. On a juste à DÉCIDER. C'est là la **GRANDE VÉRITÉ** de la Création. Mais personne ne vous l'a jamais dit. Vous avez toujours suivi les consignes de l'enseignement comme étant la vérité.

Mais aujourd'hui, devant cette vérité, qu'en sera-t-il de toutes ces croyances dépassées ? Il faudra bien qu'un jour les dirigeants se positionnent et s'ajustent à l'évolution de l'humain, et s'adaptent enfin à l'ÉNERGIE.

Je n'ai pas inventé l'énergie. C'est Dieu, le Maître de vos croyances, qui en est le Créateur. Il nous a donné notre pensée pour nous laisser la liberté d'évoluer à travers une multitude d'expériences négatives pour notre évolution. Il nous a donné la LIBERTÉ. C'est à nous d'en faire bon usage et de suivre les consignes de notre liaison avec l'Univers.

Je n'ai pas la prétention d'être un sage, un élu ou autre chose de cette nature. Je ne suis qu'un être humain, tout comme vous, qui a été choisi pour vous révéler des vérités nouvelles.

En toute humilité, j'ai reçu la grâce divine de différentes manières et en différentes circonstances. Je savais bien que ce don était lié à ma recherche spirituelle. Chaque fois, j'ai été émerveillé par son authenticité. Je l'ai expérimentée, je l'ai partagée pendant des années grâce à mon enseignement de la GESTION DE LA PENSÉE. Aujourd'hui, les gens ont besoin de se prendre en main.

Ayez un esprit ouvert. Expérimentez. Savourez cette grande découverte et votre vie sera le reflet de toutes vos intentions. Votre taux vibratoire augmentera et vous évoluerez dans la magie de la communion avec l'Univers.

En ce qui concerne votre spiritualité, vos croyances, conservez-les et continuez à pratiquer selon votre culte l'enseignement proposé. Cependant, au lieu de demander à Dieu ou à une autre divinité d'exaucer vos désirs, adressez-vous à l'Univers et votre démarche aboutira à brève échéance.

Nous avons été éduqués à demander par la prière et en faisant des offrandes, ce qui est, en somme, une forme de chantage. Or, la prière est seulement une manière de rendre grâce au divin. Prier, c'est élever son esprit à la magnificence de la Création. C'est une manière de dire merci. **C'est rendre grâce.** On n'a plus rien à DEMANDER, on a juste à DÉCIDER.

La prière est la nourriture de l'esprit pour être en harmonie avec son taux vibratoire. La spiritualité n'a rien à voir avec la religiosité. La spiritualité, c'est L'ÉLAN DU CŒUR.

LES NÉGATIONS !

Toutes les formes de négation sont ignorées par l'Univers. Il n'enregistre que les mots clés, tout comme un enfant.

Ainsi les mots :

- – NE PAS
- – N'
- – NE PLUS
- – AUCUN
- – JAMAIS
- – SANS
- – MOINS

... contrecarrent l'Univers.

De par notre éducation, nous utilisons inconsciemment la négation pour un oui ou un non. Ce qui fait que la loi des négations est une des lois les plus difficiles à respecter pour nous.

Un exemple est le meilleur moyen pour comprendre le mécanisme de cette énergie. Vous avez peut-être déjà connu quelqu'un qui disait : « Je ne veux pas mourir du cancer. » De quoi cette personne est-elle morte ? Du cancer ! Pourquoi ?

Souvenez-vous, et j'insiste : l'Univers ne pense pas, ne réfléchit pas et n'analyse pas. Je vous le répète depuis longtemps. L'Univers vous donne tout ce que vous voulez, et cela, d'une façon illimitée.

La personne qui formulait bien naïvement : « Je ne veux pas mourir du cancer », suppliait en fait l'Univers de provoquer la fin de sa vie par cette maladie. Du moins, c'est ce que l'Univers a retenu, car il n'a considéré que les mots *veux, mourir, du cancer* et n'a pas enregistré le *ne... pas.* Je vous l'ai souvent dit : « L'Univers vous donne tout ce que vous voulez, et cela, sans se soucier de la malveillance de l'énergie inconsciente émise par le demandeur. »

Prenons l'exemple suivant, observable dans tous les pays du monde et dans toutes les langues. Il s'agit d'une expression utilisée à tout propos, d'une façon gratuite et bien souvent inconsciente : « Il n'y a pas de problème » ou « Sans problème ». L'Univers, qui enregistre tout, saisit le contraire de ce que veut dire cette expression. Le seul mot clé qu'il retient, c'est *problème*. Il comprend donc ceci : « Il y a un problème. » En se reportant aux règles déjà citées, il est facile de constater où se situe l'erreur. L'Univers, comme je l'ai souvent répété, vous donne tout ce que vous désirez, même un cancer, comme dans le cas illustré plus haut.

L'énergie du mot *problème,* comme celle de tous les autres mots, est **cumulative.** Autrement dit, ce n'est pas chaque fois que vous prononcez cette contradiction qu'un problème surgit dans votre vie. Comme les énergies sont cumulatives, vous vous exposez à des situations problématiques. Ce qu'il faut savoir, c'est que chaque mot prononcé ou énoncé dans votre esprit conscient émet sa propre énergie et se greffe à votre énergie globale négative, ce qui nuit à votre évolution.

Finalement, le résultat est le suivant : la somme cumulée des énergies négatives prépare et projette une quantité d'expériences négatives à venir. Tout cela peut être évité si vous surveillez votre façon de penser, de vous exprimer. LE CHOIX du langage et la sélection des pensées devraient faire partie d'une gymnastique quotidienne, d'un mode de vie naturel. Il n'y a pas que le mot *problème* qui ait une connotation négative. Il en existe une multitude.

Vous me direz : « On parle pour parler. » C'est vrai, entre nous. Mais chaque mot prononcé est émetteur d'énergie et l'Univers n'a pas de **discernement.**

L'Univers exécute tout ce que nous lui ordonnons, de manière consciente et inconsciente, par les paroles prononcées et les pensées entretenues.

Le choix de votre vocabulaire fera toute la différence en matière d'énergie dans l'atteinte de vos buts et amplifiera votre taux vibratoire.

Plus vous utiliserez des mots aux vibrations toniques comme EXTRAORDINAIRE, FABULEUX, GRANDIOSE, GÉNIAL, IDÉAL, SUPER, MERVEILLEUX, plus votre vie prendra la direction que vous lui ordonnez simplement par le vocabulaire choisi. C'est simple, non ? Tout est VIBRATION.

En plus des vibrations négatives produites par un verbe inconsciemment mal choisi, il y a les **approximations.** Ce sont des mots limitatifs qui réduisent la part énergétique du verbe. Ils ralentissent l'ampleur de l'énergie possible à cause des éléments proposés dans les formulations, mais aussi dans les conversations courantes. En voici quelques exemples : À PEU PRÈS, PAS TOUT À FAIT, PEUT-ÊTRE, PRESQUE, SI POSSIBLE, AU BESOIN, NÉANMOINS, PROBABLEMENT, PEU, PETIT PEU...

Chaque pensée et chaque mot émettent leur propre énergie. Le fait qu'ils soient accompagnés d'une **négation** ou d'une **approximation** change la valeur nominale de leur énergie. Plus vous serez attentif à votre manière de parler et de penser, plus le schéma de vos aspirations sera le reflet de vos pensées.

En disant : « Je n'ai pas confiance en moi » ou encore « Je n'ai pas de chance », il ne faut pas croire que l'Univers vous donnera de la confiance ou de la chance, comme dans les exemples donnés. Les négations influent sur les mots positifs et annulent leur véritable valeur énergétique. Donc, vous ne serez pas plus confiant ou vous n'aurez pas plus de chance.

L'Univers a ses règles et elles sont d'une subtilité impressionnante. J'ai passé des années à essayer d'en comprendre le sens, à vouloir trouver des excuses, à ne pas les admettre, tant et aussi longtemps que je n'ai pas reconnu la complexité de la Création. Dieu ne nous a pas donné ce cadeau (notre pensée) pour que ce soit facile, mais bien pour faire des apprentissages en vue de notre évolution.

Les lois de l'Univers sont :

- La précision !

- La douceur !

- Le respect !

- La fixation !

- Avoir foi et confiance !
  (Pas de doutes)

- Les apostilles !

- La conjugaison !

- Les négations !

Chapitre 16
Le Saboteur
MON PIRE ENNEMI

Qui est le Saboteur ? C'est l'état d'esprit malsain, morbide, nuisible, pourri, maladif et impur qui empoisonne notre vie et nous empêche de nous épanouir sur le chemin du bonheur.

C'est lui qui vous nourrit constamment de pensées négatives. Il ne se lasse jamais, il est continuellement présent dans vos pensées, dans vos conversations, dans vos remarques, dans votre attitude. Il ne lâchera jamais prise. Pour lui, tous les moyens sont bons pour participer à votre vie.

Quand vous le maîtrisez dans ces différents domaines, il trouve une autre façon de vous nuire en vous créant :

- L'angoisse ;

- Le stress ;

- L'anxiété ;

- L'inquiétude ;

- La crainte ;

- La panique ;

- L'insécurité ;

- La peur ;

- Le « ruminage » ;

- Le ressentiment ;

- Le radotage ;

- La jalousie ;

- L'envie ;

- La honte ;

- La haine ;

- La culpabilité ;

- L'infériorité ;

- Le doute ;

- Les préjugés ;

- La médisance ;

- La calomnie ;

- La colère ;

- L'impatience ;

- L'égoïsme ;

- Les mauvaises habitudes ;

- Le voleur de temps.

La meilleure façon de combattre le Saboteur est de l'imaginer comme votre doublure, votre sosie. On s'adresse au Saboteur comme si c'était une personne à nos côtés.

Il devient plus facile de mener un combat quand on sait qui est notre adversaire. Vous apprendrez vite à neutraliser ses faiblesses. Comme à la guerre, on s'organise pour détruire le plus d'effectifs possibles afin de contrecarrer l'ennemi. Dans vos démêlés avec le Saboteur, vous apprendrez à l'éliminer dans toutes les actions qu'il portera contre vous : en pensée et en attitude.

Des dizaines de fois par jour, vous aurez à prendre les armes, et à chaque victoire, votre vie prendra une autre orientation. Votre personnalité s'embellira, votre caractère s'assouplira et vous ne vivrez plus dans la déprime d'une dépendance malicieuse qui assombrit le firmament du bonheur.

Rien n'est plus contagieux que la dépression mentale et les « idées noires » causées par le Saboteur.

Quand une personne gaie, optimiste, radieuse pénètre dans un endroit où règnent le découragement, la tristesse, la mélancolie, elle révolutionne l'ambiance par la contagion de sa bonne humeur irrésistible, de sa gaieté et de sa joyeuse nature.

Les personnes sujettes aux accès de « noir » semblent possédées par l'esprit du mal. Il leur est impossible, dans ces moments-là, d'être elles-mêmes. Simplement polies, elles ne savent plus rien dire d'aimable et de courtois, surtout à leurs proches. Elles semblent penser que broyer du noir les dispensent de se dominer ; elles laissent libre cours à leurs mauvais sentiments et rendent ainsi leur entourage malheureux.

Bien des gens nuisent à leur carrière parce qu'ils sont victimes de leur humeur, qui repousse les autres et les empêche d'avoir du succès.

Les autres nous aiment et croient en nous en proportion de notre amabilité. Un esprit morbide dénote habituellement un jugement faussé et tordu.

De telles personnes arrivent à maîtriser leur humeur. La preuve en est le changement instantané qui s'opère dans leur attitude lorsque survient une visite inattendue.

L'homme n'a pas été créé pour être l'esclave de ses passions, la victime de son humeur. Il l'a été pour commander, pour dominer, pour être constamment maître de lui-même et de sa vie.

Libérer son esprit du Saboteur, l'ennemi de notre bien-être, de notre bonheur, est un combat de chaque jour. C'est une grande chose d'apprendre à fixer l'esprit sur la beauté au lieu de la laideur, sur la vérité au lieu de l'erreur, sur la santé au lieu de la maladie ; ce n'est pas toujours aisé, mais c'est possible. Cela requiert une certaine habileté au combat, à la guerre du Saboteur.

Si vous refusez absolument d'entretenir les idées noires qui vous dérobent votre bonheur, si vous refusez de les admettre quand vous aurez compris qu'elles n'ont de la réalité que celle que vous leur donnez, elles cesseront de vous hanter.

Le meilleur moyen de dissiper les ténèbres est de laisser entrer la lumière, qu'il s'agisse du monde matériel ou du monde spirituel. Le meilleur moyen de bannir la discorde est de remplir sa vie d'harmonie, de chasser l'erreur et d'avoir l'esprit plein de vérité, de vaincre la laideur et de cultiver la beauté, et de se libérer de tout ce qui est pénible et malfaisant en contemplant ce qui est agréable et bienfaisant. Des pensées opposées ne peuvent occuper l'esprit au même moment.

Pourquoi donc ne pas prendre l'habitude de n'accueillir que des pensées amies au lieu de pensées ennemies, des pensées d'harmonie, de beauté, au lieu de pensées horribles qui imposent leur image à votre esprit ?

Un des atouts pour combattre le Saboteur est de ne pas vous préoccuper de l'état d'esprit dans lequel vous vous trouvez. Affirmez simplement que vous devez être, que vous voulez y être, que vous y êtes, que vous êtes normal et que ni lui, le Saboteur, ni personne ne changera votre nouvelle façon de penser.

Chaque fois que vous vous sentez soucieux, anxieux ou découragé, arrêtez-vous un instant et dites-vous : « Espèce de Saboteur, veux-tu bien me débarrasser de ta présence ! » Ce n'est pas ainsi que vit un être intelligent et pensant. C'est tout juste la manière de vivre d'un ignorant qui n'a jamais goûté à la joie de vivre.

En y réfléchissant sérieusement, vous comprendrez qu'il est stupide et presque criminel, dans un monde si beau, empli de choses destinées à faire vos délices et à vous réjouir, un monde qui vous offre de magnifiques occasions d'avancer, de conserver un visage triste, comme si la vie était une catastrophe et non un bien précieux.

Ne laissez personne vous enlever votre foi en la victoire sur tous les ennemis de votre paix et de votre bonheur. Croyez fermement que vous aurez en abondance tout ce que vous désirez.

Nous avons tous été gratifiés de la faculté de jouir de la vie, non pas d'une façon limitée, mais pleinement.

Beaucoup de gens sont leur pire ennemi. Ils gâtent leur vie en laissant le Saboteur la gérer. Tout dépend de votre confiance en vous-même, de votre attitude optimiste.

Cependant, dès que quelque chose va mal, dès que vous avez une journée pénible, dès que vous éprouvez quelque insuccès ou faites une expérience douloureuse, vous vous laissez envahir par des pensées de doute, de crainte, de découragement qui, semblables à un boulet de canon dans un magasin de porcelaine, détruisent en un instant tout le travail constructif que vous aviez accompli pendant peut-être des années. Soyez aux aguets : le Saboteur est toujours en position de combat. Ainsi, soyez assuré que vous n'aurez pas à recommencer le cheminement que vous avez fait.

La prochaine fois que vous vous sentirez découragé, angoissé, anxieux, inquiet, apeuré ou encore lorsque vous vivrez un doute, qu'il vous semblera que vos efforts ne servent à rien, faites volte-face, affrontez votre Saboteur et barrez-lui la route de vos pensées. Arrêtez-vous et prenez le chemin opposé. Chaque fois que vous vous croyez désarçonné, souvenez-vous que vos pensées modèlent votre vie.

Il est naturel d'être de bonne humeur quand la vie est facile et agréable, mais l'homme qui a vraiment de la valeur est celui qui peut sourire même lorsque tout va mal.

Le cerveau troublé ne peut penser clairement et logiquement. Les soucis entravent les fonctions du cerveau et paralysent la pensée.

Carlyle dit que certaines personnes sont habiles dans l'art de se rendre malheureuses. Elles semblent distiller un poison mental qu'elles répandent autour d'elles, et qui vous atteint, peu importe les efforts que vous fassiez pour vous protéger de lui. Elles répètent à satiété qu'elles sont ainsi faites, qu'elles ne peuvent se changer ni s'empêcher d'être négatives. Elles sont mélancoliques et pessimistes.

Aucun être n'a été créé pour être malheureux, pour assombrir le monde et rendre les autres misérables. Nous sommes tous destinés à être heureux.

Il n'est pas évident d'avoir une vie agréable avec une telle philosophie. Peut-être êtes-vous de cette catégorie de gens, et que jamais vous n'en aviez pris conscience ? Eh bien, c'est parfait !

Vous vous attendez, bien sûr, à ce que je vous présente un mode d'emploi pour éliminer le négativisme de votre vie. En premier lieu, dites-vous que quand vous prenez conscience d'une pensée négative, vous devez la couper NET ou l'ANNULER de façon radicale et instantanée, soit en oubliant carrément le sujet de votre pensée, soit en la remplaçant par une autre ou, tout simplement, par une pensée contraire au sujet de votre négativisme.

Quand comprendrez-vous que les pensées déprimantes et destructives nuisent à votre épanouissement philosophique ?

Il suffit de quelques minutes pour incendier une maison dont la construction a pris des mois. De même, votre esprit pourra détruire, au moyen de la colère, de la jalousie, du pessimisme ou de la mélancolie, le grand travail constructif que vous vous étiez acharné à perfectionner.

C'est le regard fixé sur ce qui est sombre et déprimant, même quand vous travaillez dans la direction opposée, qui détruit le résultat de vos efforts.

Il n'existe aucune philosophie qui puisse aider un homme à réussir quand il doute toujours de son aptitude.

Chapitre 17
Le canal énergétique
DÉCOUVERTE DU SIÈCLE...

Le canal énergétique est une énergie puissante et efficace parmi vos extraordinaires pouvoirs. C'est une énergie peu explorée. Cependant, ses effets sont spectaculaires et immédiats. Elle est d'un niveau intense de vibrations particulières, dont la propagation se fait par un chemin fluide spécifique.

Pour utiliser le canal énergétique, il faut avoir les informations requises pour que celui-ci remplisse ses fonctions parfaites dans son rôle de guérisseur. Le canal énergétique est doté d'une puissance extrêmement grande qu'on doit utiliser avec précaution, car il agira selon l'intention du penseur, et les résultats de son énergie seront tels, que les effets bénéfiques s'avéreront remarquables ou nuls si le penseur ne donne pas les bonnes informations au canal.

Allons directement au mode d'utilisation. Imaginez un rayon laser très puissant, aux couleurs éclatantes, passant à travers un tuyau transparent, pénétrant la glande hypophyse, qui est le septième chakra, le Coronal, dont la conscience cosmique est suprarationelle. C'est la conversion de l'énergie en matière. Ce jet fluide entre ou sort selon votre intérêt. Contrairement aux autres formes de pensées, dont la propagation se fait généralement de façon diffuse, un peu comme la bougie qui éclaire tout autour d'elle, sans orientation déterminée, le canal énergétique focalise ses rayons dans un but bien défini. Du haut du centre de la tête, de l'intérieur, en passant par la pituitaire, qui est la glande maîtresse, il se dirige directement à l'endroit décidé par le penseur. Le canal énergétique se fait toujours à l'intérieur du corps.

Attention : tous les produits de consommation tels que les comprimés vitaminés, les prescriptions ou les compléments alimentaires comme le calcium, le potassium, le zinc, le fer, etc., doivent être absorbés en énergie. En canalisant l'énergie, vous la dirigez vers le système digestif (estomac). Comme un comprimé, elle est ensuite répartie dans votre système sanguin. Lorsqu'il s'agit de régénérer un organe, c'est à cet endroit que l'énergie est dirigée.

Parlons de la couleur de l'énergie du canal. Je vous suggère le jaune, le jaune soleil ou le blanc, qui n'est pas une couleur en soi, mais qui est très lumineux. Il faut éviter les couleurs agressives comme le rouge, l'orangé, le bleu et le vert, aux tendances fortes.

Aussi, utilisez toujours la même couleur, afin de développer votre niveau de concentration. Vous observerez qu'au départ de l'expérimentation du canal, vous n'arriverez pas à vous concentrer longtemps, à peine quelques secondes. On ne peut pas faire le canal en étant distrait : la concentration détermine la durée que le canal exerce en sa fonction de distributeur d'énergie. Alors, en utilisant toujours la même couleur, la durée de votre concentration augmentera.

Indépendamment des formulations et des affirmations, le canal énergétique doit être utilisé plusieurs fois par jour. Je dirais jusqu'à 100 fois, si cela est possible. Plus vous l'utiliserez, plus vous bénéficierez de ses bienfaits. La raison est que le corps ne prend l'énergie qu'il reçoit que par petites doses. Il n'y a pas de limite à l'utilisation du canal. Plus il sera actif, plus il opérera dans les cellules du corps. Sa qualité première est de régénérer les cellules et les organes. Il n'y a pas de limite.

Un petit conseil : pour arriver à le faire très souvent dans une journée, je vous propose d'utiliser un minuteur de rappel, soit grâce à un téléphone portable ou un appareil de cuisine. Sinon, vous ne l'utiliserez que quelques fois par jour et, malheureusement, cela ne sera pas suffisant pour récupérer rapidement. La raison est bien simple : le corps ne prend l'énergie qu'il reçoit que par petites doses seulement. Même si vous arriviez à vous concentrer pendant 30 minutes, par exemple, le canal sera actif par votre concentration, mais votre corps ne prendra que ce qu'il est en mesure d'absorber, et pas plus. C'est pour cette raison que nous devons le faire à répétition.

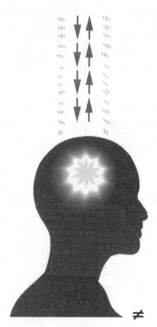

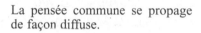

La pensée commune se propage de façon diffuse.

≠ Le canal énergétique est une pensée constructive ayant un but bien précis.

Les composantes de ses vibrations sont constituées d'énergie pure de guérison physique. Il est donc une **pensée-énergie** qui prend un chemin spécial (la glande hypophyse) pour distribuer les énergies selon les objectifs qu'il porte en lui. Pour bien visualiser le tracé de ce chemin particulier, commençons par aborder le point de départ de notre réseau-pensée : le penseur lui-même. Plus la pensée est sincère et bienveillante, plus le rayon d'énergie est net et solide.

Dès l'émission, le rayon d'énergie focalisant la pensée obéira scrupuleusement aux intentions du penseur. Il se dirigera vers l'endroit visualisé et remplira son rôle immédiatement, et cela, tout le temps de la concentration. Le corps prendra, quant à lui, la quantité d'énergie qu'il peut gérer à la fois.

Le canal énergétique trouve sa puissance dans la précision de son identification et dans la profondeur de l'intention. Cela est aussi important qu'une consultation médicale durant laquelle le médecin vous prescrirait des médicaments. En les canalisant, vous obtiendrez les mêmes résultats. Le dosage ne sera pas limité, comme pour un cachet, et de plus, avec le canal énergétique, on annule les effets secondaires qui existent dans presque la totalité des produits sur le marché. Il est impératif d'avoir le bon nom de produit, parce que l'Univers ira chercher dans les annales akashiques la composante du produit demandé et le transmettra au demandeur par la voie du canal. Ce qu'il y a d'intéressant, c'est le constat des effets secondaires. Ils seront exactement les mêmes si vous oubliez de les annuler.

Heureusement pour nous, cette merveille qu'est l'Univers a tout prévu. On peut annuler les effets secondaires d'un produit. Au moment de l'identification, il s'agit d'ajouter : « en évitant les effets secondaire ».

Si, par erreur, vous utilisiez la mauvaise énergie pour une guérison spontanée ou pour une maladie, vous obtiendrez quand même des effets néfastes, mais à quel prix ! C'est exactement comme si vous preniez un médicament qui est proscrit pour une maladie ou incompatible avec votre organisme. L'Univers est parfait et transmet exactement ce que vous lui avez ordonné.

L'énergie est avant tout un autoguérisseur, élément naturel que la vie vous offre. Les résultats seront semblables et plus importants encore que ceux de la médecine traditionnelle ou de toutes formes de médecine alternative. Vous comprendrez rapidement que cette énergie est fantastique.

Vous allez croire que c'est miraculeux, magique. Il s'agit simplement d'une énergie pure que vous véhiculez et dont vous vous servirez en tout temps et pour toutes les situations.

Dans le cas du canal énergétique, il n'est pas utile de préciser IMMÉDIATEMENT. Parce que c'est la visualisation qui joue le rôle important dans la canalisation d'énergie. Donc, automatiquement, ça se fait instantanément.

Je vous présente une multitude d'exemples que vous pourrez expérimenter maintenant, pendant que vous êtes en santé. Le fait de vivre des succès importants avec le canal énergétique pendant que vous êtes en forme fera en sorte que si un jour vous êtes confronté à l'expérience de la maladie, vous saurez que le canal énergétique agira tout aussi puissamment pour la guérison pour laquelle vous vous impliquerez.

L'énergie, ou le canal énergétique, a toujours un effet remarquable. Tentez un premier essai, vous en serez émerveillé. En canalisant de l'énergie STIMULANTE, vous ressentirez l'effet instantanément. Utilisez-la au moment où votre corps vit au ralenti. Vous avez de la difficulté à sortir de votre lit, à démarrer votre journée ou, plus fréquemment, vous sentez une fatigue momentanée et incontrôlable vers le milieu de l'après-midi ? Au lieu de faire la sieste, continuez votre travail dans une forme incroyable.

Beaucoup de personnes l'expérimentent au travail, car une sieste est impossible. Momentanément fatiguées, moins productives, elles se canalisent de l'énergie stimulante. Alors, la vitalité revient instantané-ment. Une recommandation : l'utilisation est proscrite après 15 h 30, car votre coucher en sera affecté. En utilisant l'énergie stimulante en début de soirée, vous serez assuré d'une nuit d'insomnie ou d'un coucher tardif.

La raison est simple : l'Univers comble le vide. Il redonne à votre corps toute l'énergie qu'il avait après la nuit de sommeil. Comme la quantité n'existe pas, on ne peut pas en commander que quelques grammes ou quelques gouttes. Alors, l'Univers fait le plein.

Vous pensez probablement pouvoir utiliser de l'énergie CALMANTE et que le tour sera joué. Il n'en est rien. L'énergie est équili-libre. Si vous prenez un cachet pour vous stimuler en début de soirée, suivi d'un somnifère quelques heures plus tard, l'effet chimique du somnifère vous stimulera à cause de la chimie du cachet tonifiant qui opère dans votre organisme.

C'est exactement ce que vous vivrez avec l'énergie CALMANTE si vous la confrontez à l'énergie STIMULANTE, et que cette dernière n'a pas eu le temps de s'éliminer dans votre système.

Bien sûr, l'énergie calmante peut avoir un effet de somnifère si vous la canalisez avant le coucher ; elle peut aussi apaiser le stress qui vous habite momentanément. Dans ce dernier cas, le sommeil n'accablera pas votre journée ; au contraire, vous la vivrez dans la quiétude et la sérénité.

L'énergie ANTIDOULEUR est utilisée lors d'une situation accidentelle. Dans le cas d'une brûlure, d'une blessure, d'une chute... Enfin, toutes les situations qui font vivre des douleurs physiques. Cependant, elle n'a pas l'élément guérisseur qui pourrait éliminer la douleur causée par une maladie qui évolue progressivement. Il est clair que la douleur cessera ponctuellement, mais dans les minutes qui suivront, elle reviendra.

En ce qui concerne l'énergie GUÉRISSANTE, elle est valable et efficace, mais les résultats sont plus lents. Pourquoi ? L'énergie n'a pas d'identification précise, elle est comme un sparadrap. Pas qu'elle soit moins efficace, mais le pouvoir du canal prend sa puissance dans l'identification. Pas d'identification, pas d'énergie. Sinon, je vous aurais annoncé en primeur l'énergie miraculeuse du siècle, et toutes les autres auraient été inutiles.

Cependant, dans le cas où la médecine n'arrive pas à mettre le doigt sur le problème de santé, l'énergie GUÉRISSANTE jouera très bien son rôle. Mais il faut la canaliser partout dans le corps, de la tête aux pieds. La douleur peut se sentir à un endroit et être localisée dans un autre. En canalisant l'énergie partout dans le corps, elle agira avec la même intensité partout.

Le malaise est le signal qui annonce une anomalie dans le système. Par exemple: le foie fonctionne au ralenti. En prenant un comprimé, le malaise est éliminé, mais le foie n'est pas guéri pour autant.

L'énergie n'étant pas une matière tangible comme un comprimé ou autre, utilisez un aide-mémoire, sinon, la régularité de votre posologie en souffrira. Soyez assuré qu'en énergie, vous avez les mêmes résultats que ceux apportés par une médication pour équilibrer votre système, assurant une santé saine et parfaite.

Je vous donne une liste de différentes sortes d'énergies s'accordant avec un aspect négatif du corps.

- Analgésique...................... Douleurs
- Antiacide .... Neutralise l'excès d'acidité gastrique
- Antibiotique...................... Neutralise la prolifération des bactéries
- Anticoagulant .... Évite les caillots
- Antiémétique.................... Contre les nausées et les vomissements
- Antihistaminique.............. Réaction allergique
- Antimitotique .... Arrête la prolifération des cellules
- Antinéoplasique............... Frcine ou neutralise les cancers
- Antiphlogistique .... Guérit les inflammations
- Antipyrétique................... Combat la fièvre
- Antiseptique .... Désinfection
- Antispasmodique.............. Prévient les convulsions
- Antisudoral...................... Diminue la production de sueur
- Artichaut.......................... Bile, foie
- Azote liquide .... Verrues
- Broméline........................ Cellulite
  ou L-Carnitine
- Calcium .... Pour tout
- Calmante.......................... Retrouver son calme lors d'une crise d'épilepsie
- Cicatrisante...................... Plaies, brûlures, ulcères
- Chlorure de magnésium .... Crampes
- Collagène......................... Visage

- Compound W .... Verrues
  ou Quilidoine
- Cortisone .... Eczéma, psoriasis, etc.
  ou Diprosalic
- Destructrice .... Canaliser au bon endroit
  des cellules .... cancéreuses
- Fluidique.......................... Circulation sanguine
- Fondante .... Goitre, ganglions, adipocytes,
  nodules, kystes, hémorroïdes,
  surplus de poids

- Fongicide ou Dartarin ...... Champignons
- Hématopoïétique .... Anémie et dysfonctionnement
  de la fonction d'hématopoïèse

- Imodium ou..................... Diarrhée
  pomme râpée et oxydée
- Laxative douce, ... Constipation
  normal ou forte
- Lécithine (de soja)............ Mémoire, cholestérol
- Magnésium...................... Fonctions cellulaires
- Ménogène ou huile........... Troubles lors de la ménopause
  d'onagre ou de bourrache
  ou les trois hormones
  femelles progestérone,
  testostérone et l'œstrogène
- Myéline ou guarana........... Sclérose en plaques
- Potassium........................ Problème cardiovasculaires,
  goutte
- Préparation H .... Hémorroïdes
- Protéine de poudre d'os .... Arthrose
  ou griffe du diable
  ou chauffante
- Queue de cerise ou ortie.... Diurétique
- Radis noir .... Bile, foie
- Raffermissante................. Muscles, seins
- Raffermissante................. Pénis
  et stimulante

- Rajeunissante.................... Tout le corps, intérieur et extérieur
- Renforçante du .... Cas d'infections, pour être utilisée système immunitaire en prévention
- Renforçante du .... Vue système oculaire
- Restructurante .... Tissus dégénérés (ex.: les ou réparatrice mécanismes, les cartilages)
- Revitalisante du .... Cuir chevelu système capillaire
- Séchante .... Polypes et fibromes
- Stimulante....................... Jusqu'à 15 h 30
- Stimulante du pancréas .... Diabète
- Vasopressique................... Diminution de l'urine
- Vibrocil ou .... Débouche le nez décongestionnant
- Vitamine C .... Ascorbique
- Zinc................................. Reins chez la femme
- Zinc................................. Reins et prostate
- Zovirax .... Zona, herpès

L'énergie épouse le qualificatif donné, se transforme en ladite matière énergétique et devient aussi efficace que n'importe lequel des produits. La multitude des énergies est infinie, elle ne se limite pas à la brochette présentée. Ce sont des exemples pour vous aider à franchir le pas.

Dans ce type de traitement, l'Univers ne peut détruire en une seule tentative toutes les cellules infectées, comme il ne peut pas non plus régénérer les cellules en un seul canal. Tout dépend de l'évaluation de l'infection comme de l'implication du malade dans sa démarche avec le canal énergétique.

L'exercice du *canal énergétique* ne prend que quelques secondes. La répétition régulière et continue est importante. Ainsi, l'AIDE-MÉMOIRE est capital.

Nous sommes en présence d'un processus holistique général, qui conduit dans un même temps à la guérison du corps par l'esprit conscient. Le système corps-esprit est en symbiose dans la démarche et sait que le processus de guérison est amorcé.

Avant de conclure, vous vous demandez certainement comment formuler le canal énergétique. Je vous ai déjà proposé des identifications... Personnellement, quand je formule à l'Univers, je dis : « Univers Infini ». Cependant, quand j'utilise le canal énergétique, j'emploie l'appellation « Esprit Infini ». Pourquoi ? J'ai créé un automatisme dans mon subconscient et dès que j'identifie l'énergie, les conditions du processus se mettent en route.

Formulation et affirmation = Univers Infini.

Le canal énergétique = Esprit Infini.

Dès lors, le canal se met en route et il ne me reste plus qu'à l'identifier.

Par exemple: « Esprit Infini, je me canalise de l'énergie de vitamine C... » Je répète la même phrase tout le temps de ma concentration.

Il est clair qu'on peut transférer de l'énergie à une autre personne. Dans le présent cas, ce sont les mêmes conditions... Au lieu de faire entrer l'énergie par l'hypophyse, elle en sort par cette dernière et entre dans l'hypophyse de l'autre personne.

La nécessité de passer par l'hypophyse de l'émetteur vient du fait que cette énergie prend toute sa puissance dans l'intention de ce dernier.

Pour permettre de me concentrer plus longtemps, je répète à différents rythmes la même phrase, aussi longtemps que mon niveau de concentration me le permet. Rapidement, lentement, très lentement, très rapidement, très très lentement, normalement. Il n'y a pas de régularité à observer. Cette suggestion est simplement pour nous permettre de nous concentrer plus longtemps.

Si vous deviez vous canaliser plusieurs canaux énergétiques, prenez quelques secondes de répit après avoir fait l'exercice avec un premier. Ensuite, enchaînez avec un autre et, selon le cas, vous pourrez en faire plusieurs, les uns à la suite des autres, toujours en laissant un petit moment de répit entre chacun.

Synthèse du canal énergétique

1- Imaginez un rayon puissant entrant par le centre de votre cerveau. La couleur n'a aucune importance. Cependant, en visualisant le rayon avec une couleur, il est plus aisé de le créer en imagination et de tracer sa destination ou d'atteindre son destinataire, si l'objectif concerne une autre personne.

2- La formule du canal énergétique est : « ESPRIT INFINI, JE ME CANALISE DE L'ÉNERGIE DE... (nommez le qualificatif) ». Vous visualisez en même temps le rayon puissant entrer et se diriger selon votre désir.

3- Pour une autre personne, la formulation est différente : « ESPRIT INFINI, JE CANALISE DE L'ÉNERGIE DE... (qualificatif) À... (Nommez et visualisez cette personne, en imaginant que le puissant rayon est sorti de votre cerveau, entre par la glande hypophyse de l'autre et se dirige dans son corps à l'endroit de votre intention) ».

Quelle que soit l'explication, la clé semble être la spontanéité. Il ne suffit pas de canaliser des énergies positives à force de volonté. On n'obtient rien de valable de cette façon. Les énergies positives ne semblent pas aller en profondeur. La conscience est plus subtile que la médecine ne veut le dire. Même lorsqu'on l'ignore, le champ silencieux de l'intelligence sait ce qui se passe. Après tout, il est intelligent. Son savoir va au-delà des garde-fous et des écrans, bien plus loin que nous ne le supposons[*].

Le canal énergétique, le miracle de l'avenir !

---

[*] Dr Deepak Chopra, *Le Corps quantique,* Paris, InterEdition, 2002, p.180.

Chapitre 18
Les esprits guides
LES ALLIÉS LES PLUS FIDÈLES

Qu'est-ce qu'un GUIDE ?

Dans l'au-delà, dans le monde « éthérique », il ne faut pas croire que les activités manquent. Après avoir fait l'apprentissage d'une nouvelle existence dans son corps « éthérique », c'est la découverte des différents lieux accessibles selon notre élévation spirituelle. Il faut s'habituer à la magnificence des sites. En toute liberté de choix, nous pouvons vaquer à différentes occupations ; toutes les fonctions existent, ou presque.

Nous pouvons, selon notre choix, continuer dans le domaine que nous avons occupé sur Terre afin d'améliorer nos connaissances, d'approfondir une démarche entreprise, de perfectionner une activité de loisirs ou de faire de la recherche avec les plus grands scientifiques.

Parmi les fonctions existantes, le poste de GUIDE en est une, et de notre niveau spirituel dépend le droit d'y accéder. Il faut avoir atteint une grande sagesse.

L'Univers est indéfini et incalculable. Si notre GUIDE BIENFAISANT était seul, cela pourrait demander plus de temps à sa réalisation.

Nous n'avons pas seulement un ESPRIT GUIDE PROTECTEUR dans l'Univers. Nous disposons aussi de guides bienfaisants qui veillent sur nous pour assurer notre réalisation terrestre et notre élévation spirituelle. Vous pouvez recourir à l'intervention d'un GUIDE SPÉCIALISTE pour un but bien précis. Vous lui demandez directement de collaborer à la situation en cours ou d'apporter son aide à un de vos collaborateurs terrestres. Le meilleur GUIDE médecin, pédiatre, gynécologue, avocat, vendeur ou agent, orateur, mécanicien, électricien, peintre, écrivain, décorateur, etc. Vous vous souvenez : il existe dans le monde « éthérique » différentes fonctions. Leur secours vous impressionnera, car leur façon de se manifester dans la situation exigée verra votre requête aboutir, avec d'heureux résultats.

Des esprits malfaisants ou joueurs de tours peuvent susciter des embûches et créer toutes sortes d'ennuis. Il n'existe aucun rapport entre les esprits aux intentions préjudiciables et le Saboteur.

Dans le monde inconnu, il y a aussi des POLICIERS ou GUIDES POLICIERS. Ils sont peu nombreux par rapport aux autres guides.

On fait appel aux GUIDES POLICIERS seulement lorsqu'on vit une PÉRIODE NOIRE. Qu'est-ce qu'une période noire ? C'est la suite RAPPROCHÉE de situations malheureuses, la loi des séries : accident de voiture, maladie, vol au domicile, perte de son emploi, etc. Dans une période aussi ténébreuse, vous demandez aux GUIDES POLICIERS de venir mettre de l'ordre dans votre vie. Ils sont très efficaces, à condition de ne pas abuser d'eux ni de leurs services. Si vous les dérangez dans d'autres circonstances qu'une PÉRIODE NOIRE, il pourraient premièrement refuser de vous venir en aide une autre fois, et deuxièmement, vous faire payer une facture. Évidemment, vous ne recevrez pas un compte pour services rendus (en provenance d'*Éther*), mais simplement des imprévus coûteux qui dérangeront votre budget.

Avis aux sceptiques : ne tentez pas une expérience avec les guides policiers pour vous convaincre de l'efficacité de cette dimension. Contactez votre GUIDE PROTECTEUR ou vos GUIDES BIENFAISANTS : leurs intercessions vous persuaderont. Cette théorie est assez révolutionnaire, et pour les incrédules, c'est peu plausible.

Cependant, vous n'avez rien à perdre à profiter des services du monde des ESPRITS GUIDES ; c'est gratuit et les résultats aussi.

Dans le prochain chapitre, j'aborderai la spiritualité. Je vous conseille de prier pour vos GUIDES. C'est notre manière de les remercier et en même temps que de les faire évoluer. Ils ont besoin de nous pour leur évolution et c'est seulement par la prière que nous pouvons contribuer à leur démarche.

Pourquoi ne pas utiliser toutes les possibilités offertes pour embellir et agrémenter chacune de nos journées ? La collaboration des GUIDES est une grande richesse. Ils nous facilitent la vie, participent à notre quotidien.

Chapitre 18
Quelle est ma spiritualité ?

LA SPIRITUALITÉ,
C'EST LA NOURRITURE DE L'HUMANITÉ.

Le terme de valeurs spirituelles (spiritualité) ne s'identifie pas à la religiosité. Il s'agit plutôt d'une prise de conscience, de la compréhension qu'il existe quelque chose de bien plus grand que nous, qui a créé l'Univers et la Vie, et que dans cette Création, nous représentons une part importante et bien déterminée qui peut contribuer au développement du tout.

À sa naissance, chacun de nous a reçu de la source l'ÉTINCELLE DIVINE*.

Cette prise de conscience n'est-elle pas créée par la PENSÉE ? Comment vivez-vous votre spiritualité ? D'une façon naturelle, avec un cœur d'enfant, dans l'amour inconditionnel ou alors d'une manière mécanique, avec la spontanéité d'un automate qui croit que c'est ÇA la façon de s'élever vers le Père Éternel ?

C'est sans doute par ignorance ou à cause d'une éducation religieuse sévère que vous avez évolué dans une soi-disant forme de spiritualité. Dans toutes les religions, on parle de prière. Trop souvent, elle est une demande et non une offrande. C'est là, la différence ! On prie pour demander ceci ou cela. Lisez dans votre dictionnaire la définition de PRIER et de PRIÈRE.

Cessez de prier pour demander. Prier par amour, avec l'élan du cœur. Chaque offrande revient automatiquement sur notre plan. Vos dons

---

* Élisabeth Kübler-Ross, *La Mort est un nouveau soleil,* Montréal, Éditions Québécor, 1989.

sont des vibrations créées par vos pensées. Vos pensées étant amour, paix, générosité, etc., les retombées terrestres auront un effet spectaculaire sur l'équilibre de la planète.

On ne peut pas prier sans penser, sinon c'est mécanique, et je n'ose me prononcer sur la valeur réelle des bienfaits de cette forme de prière. Une chose est certaine : en nous concentrant, en réfléchissant, l'intention de nos offrandes ne sera pas la même. L'élévation de vos pensées pures et nobles vous fera découvrir une vaste paix intérieure, et vous éviterez en grande partie le pouvoir du Saboteur sur vous.

En général, on prie quand ça va mal. Le faites-vous quand tout va bien dans votre vie ? Sûrement, mais de quelle façon ? Probablement mécanique !

Je ne veux pas porter de jugement sur l'éducation de la prière. Depuis des années, je scrute la réaction des gens lorsque j'aborde le sujet et j'en arrive à cette conclusion : on prie pour demander. Le flux des pensées qui habitent notre quotidien nous empêche une concentration précise sur l'élévation spirituelle. La demande est remplie de bonne volonté, mais où est le vrai sens de la spiritualité, synonyme de générosité ?

Le Père Céleste a créé pour nous les ÉNERGIES à notre portée. On ignore l'unique façon de les utiliser. Ce n'est pas par la prière qu'on négocie avec l'Univers, mais bien avec le procédé de la pensée.

J'enseigne une méthode de prière simple, aux intentions honorables. Je vous propose l'OFFRANDE. Je vous invite à donner et non à commander. Je suis très heureux de vous offrir ce merveilleux cadeau aujourd'hui, avec une immense joie dans mon cœur et beaucoup de bonheur dans mon âme, car je sais qu'à partir de maintenant, votre vie spirituelle aura un nouveau sens.

Bien entendu, vous pouvez continuer à utiliser les formulations que vous connaissez pour alimenter votre dévotion. Je vous encourage à le faire. En appliquant ma technique, vous réaliserez que votre spiritualité donnera un sens réel à votre vie.

Un jour, un curé de 76 ans suivait ma formation. Lorsque j'ai abordé le sujet de la spiritualité, j'étais fébrile, car je ne voulais pas l'offenser. À la fin de l'atelier, il est venu me féliciter et il m'a dit : « Vous êtes la première personne qui m'a expliqué le véritable sens de la prière. »

VOICI MON MAGNIFIQUE CADEAU

Je vous propose d'utiliser l'ÉQUIVALENCE DE, que vous offrez au Dieu de vos croyances, à la hiérarchie céleste (qui comprend les anges, les archanges, les chérubins, les puissances, les majestés, les saints et les vierges), à vos guides et aux personnes vivantes que vous connaissez et à toute personne décédée que vous avez connue durant ce plan de vie.

Permettez-moi une remarque : ne soyez pas avare. Je précise : ne faites pas une seule ÉQUIVALENCE pour couvrir la totalité des récipiendaires. Faites des équivalences différentes pour chaque éminence, soit pour le Dieu de vos croyances, la hiérarchie céleste, les guides, les personnes vivantes et les personnes décédées.

Par exemple :

- « Père Céleste, je t'offre toutes les cellules, les molécules et les atomes de mon corps en équivalence d'un acte de charité (l'acte n'est pas une prière, mais symbolise l'action). »

- « Pour toute la hiérarchie céleste, je vous offre tous les mots que je dis aujourd'hui en équivalence d'un acte d'amour. »

- « Pour vous, mes guides, que toutes les gouttes de pluie ou les flocons de neige qui tombent aujourd'hui sur ma voiture ou ma maison (selon votre imagination) soient l'équivalence d'un acte de charité. »

- « Pour toutes les personnes vivantes et les personnes décédées que j'ai connues dans ce plan de vie, que chaque lettre que je lis pendant ma lecture ou sur mon ordinateur soient l'équivalence d'un acte de pardon pour la paix sur la Terre. »

Après les avoir effectuées en début de journée, il est fréquent que j'en fasse d'autres. J'abrège la présentation en offrant à TOUTE MON ÉQUIPE SPIRITUELLE (Dieu, la hiérarchie céleste, les guides, les vivants et les morts), des équivalences de...

Soyez original, voire excentrique dans vos offrandes. Par exemple, offrez toutes les granules de sucre et de farine que vous utilisez pour ce gâteau, toutes les gouttes d'eau qui tombent sur vous en prenant votre douche, toutes les particules de poussière que vous nettoyez, tous les brins de gazon que vous coupez avec votre tondeuse... Vos ÉQUIVALENCES auront la qualité de votre imagination.

Faites vos offrandes avec amour, évitez la routine et le manque de sincérité. Ne les transformez pas en une litanie qui deviendra l'emprunt de la prière. Faites des offrandes quotidiennes, et souvent au gré de votre imagination.

Respectez les lois de communication entre ce nouveau monde et vous. Le dénouement sera prodigieux et remarquable.

Vivez votre quotidien spirituellement. Vos pensées auront le sens constructif de votre cœur. Vous êtes l'UNIQUE CRÉATEUR de votre vie. Impliquez-vous dans cet entraînement, vous constaterez que le soleil brille de tous ses feux pour illuminer votre intérieur.

Les grandes ÂMES de notre Terre, lors de leur passage, priaient avec cet esprit de générosité, sans attente du Père Éternel. Elles ont consacré leur vie à la prière. Elles avaient compris que la prière est une OFFRANDE sincère. L'élévation spirituelle ne veut pas dire sacrifice. Je vous invite à OFFRIR votre existence et non à la sacrifier.

Ensemble, dans la spiritualité, nous allons faire de notre plan de vie une RÉUSSITE.

Chapitre 18
Formule gagnante
CLÉ DU SUCCÈS

Vous souhaitez avoir un jour la chance de trouver l'occasion unique qui vous enseigne la clé du succès et vous guide vers lui ? C'est aujourd'hui votre jour de chance.

Ça fait plus de 35 ans que je programme ma vie et je le fais encore avec autant d'enthousiasme. Pourquoi ? Parce que ça fonctionne.

Avant d'analyser chacune des mailles qui feront de votre programmation une réussite, examinons la marche à suivre.

- **But précis** à court et moyen terme ;
- Formulation **intelligente ;**
- Rédaction **brève ;**
- Conjugaison au **présent ;**
- **Pas de négation ;**
- Association **pensée-émotion ;**
- Répétition avec **enthousiasme ;**
- **Foi** et **confiance** (pas de doutes) ;
- **Par écrit ;**
- Durée : **21 jours.**

Beaucoup de gens ne réussissent pas dans la vie parce qu'il ne savent pas réellement ce qu'ils désirent. Ils affrontent les événements plus par hasard que par choix.

BUT PRÉCIS

Le but à atteindre s'énonce de manière concrète et détaillée, dans la mesure du possible. Il y a UN SEUL BUT par programmation. Cependant, on peut formuler plusieurs programmations en même temps. Faire TROIS programmations semble raisonnable.

Vous êtes en bonne santé et vous voulez le rester ? Il est judicieux de conditionner votre subconscient à cet effet. Cependant, si vous avez des problèmes particuliers au foie, aux reins, au cœur, etc., peu importe la carence physique, donnez à votre subconscient une précision. Pour un résultat efficace avec la programmation, précisez, selon l'expertise médicale s'il y a lieu, les besoins correctifs auxquels devra s'attaquer votre subconscient.

Vous cherchez l'amour, vous voulez aimer, être aimé ou vivre un amour partagé ? Précisez en détail le portrait type de l'homme ou de la femme idéale. Cherchez l'être cher, la personne imaginaire, accomplie, merveilleuse et surtout LIBRE, car inutile de vous dire que dans les mœurs actuelles, notre moralité est assez libertine.

Identifiez bien la personne pour qui vous faites une programmation : votre conjoint, vos enfants, tel ami(e) ou collègue de travail, etc. Ne connaissant pas la source de votre requête, comment pouvez-vous faire une programmation pour une personne bien précise ?

FORMULATION INTELLIGENTE

Les gens intelligents ne sont pas toujours heureux. C'est parce qu'ils n'ont pas appris à utiliser leur intelligence pour s'adapter à la vie. Ils deviennent victimes de leur ignorance et esclaves de leurs émotions. Ce n'est pas l'intelligence qui leur fait défaut, mais le mauvais usage qu'ils en font.

Voici quelques exemples qui vous feront comprendre combien il est important de fournir à votre subconscient des données d'une grande lucidité.

Vous programmez l'acquisition d'une maison. Les directives à formuler à votre subconscient sont précises : style de maison, familiale, duplex ou appartement... L'environnement est impératif. On modifie une maison, mais on ne peut changer l'environnement, dans un tel quartier ou telle région. Elle doit aussi être exempte de vices cachés, et, le plus important, en rapport avec votre budget actuel et avec vos obligations futures (taxes, entretien, assurances, achat d'équipements, etc.).

Ne convoitez pas une maison dans un quartier huppé, aux conditions disproportionnées à vos finances. Votre déception sera telle que vous perdrez toute motivation pour d'autres programmations. Visez JUSTE et soyez HONNÊTE dans vos ambitions afin qu'elles soient réalisables.

Vous programmez votre vie amoureuse, vous inondez votre démarche de tant de qualités que même la perfection serait intimidée face à un tel personnage. La perfection n'existe pas, pourquoi alors la dicter à votre subconscient ?

Placez en priorité certaines qualités que vous désirez que l'inconnu chéri possède et acceptez dès maintenant que certains défauts en fassent également partie, tout comme pour vous d'ailleurs. Êtes-vous parfait ?

Pour un emploi, n'aspirez pas à un idéal impossible. Vous ne pouvez convoiter un poste de direction avant d'avoir la compétence nécessaire. Bien souvent, avant d'atteindre la direction, il y a des étapes à franchir. Analysez la situation et visez une étape à la fois. Le processus peut se faire rapidement, mais étape par étape. Ainsi, vous ne pourrez pas être embauché comme médecin sans un doctorat, ou être chorégraphe pour une compagnie de danse si vous n'avez aucune notion de cet art.

Analysez chacune de vos ambitions intelligemment, soyez honnête et loyal envers vous-même. Vous reconnaîtrez ce que vous devez ou ne devez pas demander à l'Univers.

RÉDACTION BRÈVE

Pourquoi brève ? Parce qu'on doit les écrire (une seule fois), les lire plusieurs fois par jour, et souvent, on effectue plusieurs programmations concernant différents objectifs en même temps. Si vous devez investir beaucoup de temps pour vous programmer, vous laisserez tomber votre clé de la victoire.

Évitez la dentelle, les mots inutiles et vides de sens. Soyez bref et précis dans le texte de votre programmation. Le subconscient est comme un ordinateur, il fonctionne par code.

Vous devez réaliser que vous êtes le seul à pouvoir utiliser de façon efficace le mécanisme automatique que vous possédez. La prise en main de votre subconscient ne dépend que de vous.

CONJUGAISON AU PRÉSENT

Écrivez votre dictée au présent, comme si vous aviez déjà acquis, atteint votre objectif, reçu votre requête ou que votre souhait le plus cher s'était déjà réalisé.

Comme c'est votre imagination intelligente qui crée votre désir le plus cher, elle sait exactement ce que vous caressez comme ambition. Vous ne rêvez plus.

PAS DE NÉGATION

Plusieurs recherches ont démontré que le subconscient n'enregistre pas une négation. Dans vos formulations comme dans les programmations, si vous utilisez des négations, vous obtiendrez des résultats contraires à vos désirs.

Si vous formulez : « Je ne fume plus », il note « Je fume ». Vous devez dire : « J'ai cessé de fumer, je déteste le goût de la cigarette, mes poumons ont horreur de se faire « emboucaner », etc. ». Si vous avez un problème d'alcool, vous devez énoncer : « Je déteste le goût de la bière, du vin ou du scotch », selon votre préférence, au lieu de dire : « Je ne boirai plus de... ».

ASSOCIATION PENSÉE-ÉMOTION

En vivant de l'émotion dans la lecture de nos programmations, nous renforçons les ordres que nous transmettons à notre subconscient. C'est l'émotion du but déjà atteint.

Bien sûr, vous avez des problèmes, mais vous avez en main d'excellents outils pour améliorer votre situation. La résolution à prendre dès à présent est de permettre à votre subconscient de fonctionner à pleine capacité.

RÉPÉTITION ENTHOUSIASTE

Vous conjuguez votre programmation au présent, c'est-à-dire comme si vous aviez déjà atteint le but désiré. La réussite sur le plan physique, émotionnel, spirituel ou matériel se réalisera, et c'est avec exaltation que vous partagerez votre succès avec votre entourage le moment venu, n'est-ce pas ?

Nous devons relire nos programmations quelques fois par jour, c'est-à-dire trois fois. Si, en relisant votre ou vos messages, vous avez une distraction, l'émotion et l'enthousiasme ne font plus partie des directives prescrites. Vos résultats seront enclins à être moins concluants. Je n'ai pas dit que vous n'obtiendrez pas de résultats, j'ai mentionné qu'ils seront moins concluants ou obtenus moins rapidement.

Si vous ne lisez qu'une fois vos programmations, c'est très valable. Il est arrivé un imprévu et vous ne l'avez fait qu'une seule fois. C'est acceptable. Mais pour que votre subconscient enregistre très bien vos données, avec toutes les caractéristiques décrites, ne prenez pas de risques. En le faisant trois fois par jour, c'est raisonnable.

N'insistez pas non plus auprès de votre subconscient en lisant vos messages une vingtaine de fois.

AVEC FOI ET CONFIANCE

L'habitude d'exercer notre foi en nous-mêmes, de nous sentir conscients de posséder une plus grande habileté et plus de puissance, a une extraordinaire influence pour élargir et développer nos facultés mentales. Notre foi en nous-mêmes est rarement assez grande pour tirer profit de nos ressources latentes.

Pour que la foi et la confiance grandissent en vous et deviennent une force incontestable dans votre attitude de gestion de pensée, commencez par des objectifs simples et réalisables à court terme.

PAR ÉCRIT

Voici quelques directives concernant la façon de rédiger vos programmations.

En écrivant votre message, filtrez vos données et assurez-vous que votre vision est telle que vous le souhaitez.

Utilisez **intelligemment** votre imagination pour éviter le mécontentement.

Votre composition doit être brève.

Évitez les négations.

Évitez les abréviations.

Votre programmation doit être faite proprement. Évitez les ratures et les barbots.

Lisez exactement « la même » programmation écrite de sorte que votre subconscient reçoive toujours les mêmes données.

Vous ne pouvez en changer le contenu dès que vous avez commencé la programmation.

En respectant ces huit points et en ne dérogeant pas de cette ligne de conduite, vous avez la recette la plus extraordinaire.

DURÉE DE 21 JOURS

Votre conjoint psychologique ou subconscient a besoin d'un maximum de 21 jours pour capter un message et il en est de même pour la réalisation. Cette dernière varie d'une programmation à une autre selon la complexité du but visé.

Vous devez, à moins d'avoir obtenu le résultat désiré avant 21 jours, lire régulièrement votre ou vos programmations à votre subconscient pendant les 21 jours, de façon consécutive et de préférence trois fois par jour.

Afin d'éviter toute erreur possible dans le nombre de journées, parce qu'on ne doit pas insister auprès de son subconscient, écrivez la date de la dernière journée de la programmation.

Lisez cette partie très attentivement et relisez-la s'il le faut.

Si, malheureusement, vous oubliez votre programmation, ne serait-ce qu'un seul jour, ARRÊTEZ et recommencez dans trois mois. Ne harcelez pas votre subconscient, vous annulerez automatiquement votre programmation et vos résultats seront nuls.

Aussi, ne trichez pas, soyez honnête, ne prenez pas votre subconscient pour un imbécile en composant une programmation similaire à une autre dans un vocabulaire différent. Ne soyez pas stupide au point de vouloir duper un état parfait, celui du subconscient.

Chapitre 21
Exemples de formules gagnantes
RECETTES EXTRAORDINAIRES DE RÉUSSITE

L'erreur à éviter, c'est la récitation mécanique des formules sans l'élan du cœur. Visualisez l'objectif atteint.

Enfin, nous voilà à l'étape de la formule gagnante. Lisez et relisez les explications de la formulation afin de bien suivre toutes les indications pour réaliser vos ambitions et atteindre vos buts avec exactitude.

Cependant, dans les exemples qui suivent, il est également indiqué « programmation instantanée ». Ce sont des formules de protection, de rencontre ou pour permettre aux travailleurs indépendants de dynamiser les succès de leur entreprise. Ce genre de programmation peut se pratiquer tous les jours.

Évidemment, au début, vous les lirez avant d'avoir mémorisé le texte. Après, ce ne sera plus nécessaire de les lire, car le texte est toujours le même. En prenant connaissance de leur contenu, vous verrez la différence entre une programmation de 21 jours et une programmation instantanée.

INTERPRÉTATION DE LA FORMULE

ESPRIT INFINI

On identifie la puissance qui reçoit nos consignes. C'est le divin en nous, c'est l'Univers incommensurable, c'est l'amour éternel.

COUVRE

Il est très important de respecter ce mot. En le lisant, vous le visualisez, et quand on dit « couvre », c'est au-dessus et seulement au-dessus de la personne ou de l'objet : maison, voiture, projet, contrat, etc.

DE TON DÔME

Un dôme, c'est une coupole. Je vulgarise ce mot en vous le décrivant comme un bol à l'envers.

BLANC

On imagine le dôme d'un blanc pur, lumineux, éclatant, brillant pour toute programmation correspondant à l'être humain, soi-même ou une autre personne, pour le règne végétal, comme une plante ou un jardin, et le règne animal, comme un chat, un chien ou autre.

ROUGE

On imagine le dôme d'un rouge flamboyant, étincelant, vif, brûlant pour toute programmation correspondant à la matière : maison, projet, contrat, etc.

PHRASE CONCLUANTE

Pas besoin d'explication sur ce texte, car le vocabulaire employé est explicite et précis. Vous devez toujours conclure vos formules avec ce texte. C'est votre protection garantie pour éliminer le négatif.

DATE

Vous indiquez toujours la date de la 21e journée. Ainsi, vous n'aurez pas à recompter plusieurs fois le nombre de jours durant lesquels vous vous programmez.

Surtout, **N'INSISTEZ PAS !** C'est 21 jours, et s'il y a un oubli, ne recommencez pas, mais respectez une période d'attente de trois mois.

FORMULES DE PROGRAMMATION

Esprit Infini, couvre (spécifiez la personne, la matière ou la nature) de ton dôme (blanc pour les personnes, les animaux et les végétaux, et rouge pour la matière).

Supprime le négatif des esprits visibles et invisibles. C'est fait d'une façon immédiate et parfaite selon le plan divin. Merci.

Date de la 21ᵉ journée

AMOUR

Esprit Infini, couvre-moi de ton dôme blanc.

Je rencontre l'homme idéal. Il est célibataire, libre, beau, travailleur, sociable, sobre, exempt de toutes dépendances, généreux, honnête, aimable, tendre, sexuel, sensuel, (exempt de paternité si c'est votre choix), etc.

Supprime le négatif des esprits visibles et invisibles. C'est fait d'une façon immédiate et parfaite selon le plan divin. Merci.

Date de la 21ᵉ journée

DÉCULPABILISATION

Esprit Infini, couvre-moi de ton dôme blanc.

Enlève-moi le poids de la culpabilité et redonne-moi la paix intérieure. Que toutes les personnes que j'ai blessées m'accordent leur pardon, leur miséricorde et leur amour dans ton sein infini.

Supprime le négatif des esprits visibles et invisibles. C'est fait d'une façon immédiate et parfaite selon le plan divin. Merci.

Date de la 21e journée

PARDON

Esprit Infini, couvre-moi de ton dôme blanc.

Je pardonne à (nom de la personne et nature de la rancœur). J'oublie (précisez la situation). Je suis maintenant libéré des angoisses de la rancune. Je lui offre mon (amitié, amour, cœur, sollicitude, etc.).

Supprime le négatif des esprits visibles et invisibles. C'est fait d'une façon immédiate et parfaite selon le plan divin. Merci.

Date de la 21e journée

COMMUNICATION

Esprit Infini, couvre-moi de ton dôme blanc.

Tu développes mon sens des communications de façon extraordinaire. Je m'exprime bien et de façon précise. J'ai une très grande confiance en moi.

Supprime le négatif des esprits visibles et invisibles. C'est fait d'une façon immédiate et parfaite selon le plan divin. Merci.

Date de la 21e journée

SANTÉ

Esprit Infini, couvre-moi de ton dôme blanc.

Je suis calme et compréhensif devant les situations stressantes. Ainsi, j'élimine les stress et mes maux de dos cessent définitivement. Je suis calme et je ressens le bonheur de vivre.

Supprime le négatif des esprits visibles et invisibles. C'est fait d'une façon immédiate et parfaite selon le plan divin. Merci.

Date de la 21e journée

SANTÉ (Guérison)

Esprit Infini, couvre-moi de ton dôme blanc.

Je suis sur la voie de la guérison. Mon (foie, estomac, ou autre organe...) et toutes ses cellules se régénèrent et reprennent avec vigueur leurs fonctions normales. Je suis maintenant en parfaite santé.

Supprime le négatif des esprits visibles et invisibles. C'est fait d'une façon immédiate et parfaite selon le plan divin. Merci.

Date de la 21e journée

SANTÉ (Allergies)

Esprit Infini, couvre-moi de ton dôme blanc.

Je suis en parfaite santé. Mon rhume des foins est éliminé. Mon système immunitaire réagit de façon positive aux microbes infectieux. Mes poumons filtrent aisément l'air que je respire.

Supprime le négatif des esprits visibles et invisibles. C'est fait d'une façon immédiate et parfaite selon le plan divin. Merci.

Date de la 21e journée

SOMMEIL ET INSOMNIE

Esprit Infini, couvre-moi de ton dôme blanc.

Je dors d'un sommeil profond, réparateur et continu (selon le cas). J'ai une nuit calme et reposante. À mon réveil, je suis dans une forme extraordinaire.

Supprime le négatif des esprits visibles et invisibles. C'est fait d'une façon immédiate et parfaite selon le plan divin. Merci.

Date de la 21ᵉ journée

ABANDON DE LA CIGARETTE

Recommandation : *Placez à différents endroits stratégiques (pharmacie, réfrigérateur, porte d'entrée, porte du placard, tableau de bord de la voiture...) la date définitive seulement. Votre subconscient enregistrera cette date à chaque fois que vous la regarderez.*

Esprit Infini, couvre-moi de ton dôme blanc.

Élimine en moi le goût de la nicotine. L'habitude de fumer est totalement inexistante. Je cesse de fumer. Cette date définitive est le (date). Supprime le négatif des esprits visibles et invisibles. C'est fait d'une façon immédiate et parfaite selon le plan divin. Merci.

Date de la 21ᵉ journée

ABANDON DE L'ALCOOL

Esprit Infini, couvre-moi de ton dôme blanc.

Élimine en moi le goût de l'alcool. Ma santé est excellente. Ma vie familiale et sociale sont en parfaite harmonie.

Supprime le négatif des esprits visibles et invisibles. C'est fait d'une façon immédiate et parfaite selon le plan divin. Merci.

Date de la 21e journée

DEMANDE D'EMPLOI

Esprit Infini, couvre-moi de ton dôme blanc.

J'obtiens l'emploi idéal correspondant à ma personnalité, mes connaissances et mon expérience (selon le cas) dans un milieu favorable. Les conditions sont exceptionnelles et mon salaire est plus que satisfaisant.

Supprime le négatif des esprits visibles et invisibles. C'est fait d'une façon immédiate et parfaite selon le plan divin. Merci.

Date de la 21e journée

ENTREPRISE

Esprit Infini, couvre mon entreprise (nom du commerce) de ton dôme rouge.

Elle est sur la voie de la réussite et de la rentabilité. Le volume de ma clientèle augmente. Les affaires sont excellentes. J'ai de plus en plus de succès.

Supprime le négatif des esprits visibles et invisibles. C'est fait d'une façon immédiate et parfaite selon le plan divin. Merci.

PROGRAMMATION INTANTANÉE (SANS DATE)
À FAIRE TOUS LES JOURS OUVRABLES.

RENCONTRE D'AFFAIRES

Esprit Infini, couvre-moi de ton dôme blanc.

Ma rencontre avec (nom de la personne et nom de son entreprise ou de ce qu'elle représente) est couronnée de succès. Mes arguments sont convaincants et mon charisme irrésistible. J'ai une très grande confiance en moi.

Supprime le négatif des esprits visibles et invisibles. C'est fait d'une façon immédiate et parfaite selon le plan divin. Merci.

PROGRAMMATION INTANTANÉE (SANS DATE)
À FAIRE TOUS LES JOURS OUVRABLES.

PROJET

Esprit Infini, couvre mon (ou notre) projet d'achat de maison de ton dôme rouge.

Elle est située à (nom de la ville ou région) dans (type d'environnement.) Elle est spacieuse, propre, avec des commodités, etc., et exempte de vices cachés. Les conditions de la transaction sont conformes à ma (ou notre) capacité financière et le prix est acceptable de part et d'autre.

Supprime le négatif des esprits visibles et invisibles. C'est fait d'une façon immédiate et parfaite selon le plan divin. Merci.

Date de la 21e journée

PROJET DE VOYAGE

Esprit Infini, couvre mon (ou notre) projet de voyage de ton dôme rouge.

L'occasion rêvée se présente et j' (ou nous) en profite au maximum. Je « réénergise » ma santé physique et morale. Ce sont des vacances inoubliables et extraordinaires.

Supprime le négatif des esprits visibles et invisibles. C'est fait d'une façon immédiate et parfaite selon le plan divin. Merci.

Date de la 21e journée

ÉTUDES

Esprit Infini, couvre (nom de la personne) de ton dôme blanc.

Il est très motivé, studieux, son intérêt pour les études lui donne satisfaction. Ses résultats scolaires sont remarquables.

Supprime le négatif des esprits visibles et invisibles. C'est fait d'une façon immédiate et parfaite selon le plan devin. Merci.

Date de la 21e journée

CARACTÈRE

Esprit Infini, couvre (nom de la personne) de ton dôme blanc.

Son caractère s'assouplit. Ses relations avec (nom de la ou des personnes impliquées) sont harmonieuses. Il est calme et détendu.

Supprime le négatif des esprits visibles et invisibles. C'est fait d'une façon immédiate et parfaite selon le plan divin. Merci.

Date de la 21e journée

AMOUR DE SOI

Esprit Infini, couvre-moi de ton dôme blanc.

Je m'aime, je m'accepte tel que je suis. Je suis merveilleux. Je suis une personne unique. Je suis en paix avec moi-même et avec les autres.

Supprime le négatif des esprits visibles et invisibles. C'est fait d'une façon immédiate et parfaite selon le plan divin. Merci.

Date de la 21e journée

OBSTACLE À SURMONTER

Esprit Infini, couvre-moi de ton dôme blanc.

En respect pour moi-même, j'agis rapidement face aux situations de ma vie. J'utilise immédiatement mes pouvoirs de la *Gestion de la Pensée*. Je suis une personne extraordinaire.

Supprime le négatif des esprits visibles et invisibles. C'est fait d'une façon immédiate et parfaite selon le plan divin. Merci.

Date de la 21e journée

SENTIMENT DE NE PAS AVOIR ÉTÉ AIMÉ PAR SES PARENTS DURANT SON ENFANCE

Esprit Infini, couvre-moi de ton dôme blanc.

Je pardonne à ma mère (ou à mon père) la façon dont elle (ou il) m'a aimé. J'accepte le vide d'amour de mon enfance. Je lui offre mon amour inconditionnel.

Supprime le négatif des esprits visibles et invisibles. C'est fait d'une façon immédiate et parfaite selon le plan divin. Merci.

Date de la 21e journée

PARDON À LA MÈRE BIOLOGIQUE

Esprit Infini, couvre-moi de ton dôme blanc.

Je pardonne à ma mère biologique de m'avoir abandonné. Je guéris mon âme des plaies de mon passé face à cet événement. J'accepte le vide d'amour de mon enfance. Merci à ma mère de m'avoir donné la vie.

Supprime le négatif des esprits visibles et invisibles. C'est fait d'une façon immédiate et parfaite selon le plan divin. Merci.

Date de la 21e journée

ÉMOTION INTENSE
DE RUPTURE AMOUREUSE (DIVORCE)

Esprit Infini, couvre-moi de ton dôme blanc.

J'élimine le ressentiment qui s'est refoulé en moi au fil des années de notre union. Je suis maintenant libéré du passé, je suis comblé. J'accepte la situation, je lui pardonne. Je lui offre mon amitié.

Supprime le négatif des esprits visibles et invisibles. C'est fait d'une façon immédiate et parfaite selon le plan divin. Merci.

Date de la 21e journée

REJET FACE À UNE RUPTURE AMOUREUSE

Esprit Infini, couvre-moi de ton dôme blanc.

Je pardonne à (nom de la personne) pour sa décision de rupture. J'élimine le ressentiment causé par cette déception amoureuse. J'accepte la situation, ma santé psychique reprend avec vigueur son équilibre. Je m'aime, je suis en paix avec moi-même.

Supprime le négatif des esprits visibles et invisibles. C'est fait d'une façon immédiate et parfaite selon le plan divin. Merci.

Date de la 21e journée

PEUR FACE À L'AMOUR

Esprit Infini, couvre-moi de ton dôme blanc.

J'élimine mes peurs face à l'amour causées par les déceptions et les événements passés. J'accepte l'amour de mon nouveau partenaire de vie. J'ouvre mon cœur et je me laisse aller. Je guéris mon âme des plaies de mon passé. J'accepte d'être heureux (heureuse).

Supprime le négatif des esprits visibles et invisibles. C'est fait d'une façon immédiate et parfaite selon le plan divin. Merci.

Date de la 21e journée

ACCEPTATION DE LA PART DE L'ENFANT FACE À UNE NOUVELLE RELATION DES PARENTS SÉPARÉS

Esprit Infini, couvre-moi de ton dôme blanc.

Il ou elle (nom de l'enfant) accepte (nom du partenaire). Ses relations avec lui ou elle se font dans la paix et l'harmonie. Il ou elle accepte le partage d'amour de sa mère (ou de son père). Il ou elle est heureux (heureuse) et épanoui (épanouie). Nous sommes très heureux.

Supprime le négatif des esprits visibles et invisibles. C'est fait d'une façon immédiate et parfaite selon le plan divin. Merci.

Date de la 21e journée

SURPROTECTION
DE LA PART D'UN CONJOINT POSSESSIF

Esprit Infini, couvre-moi de ton dôme blanc.

Élimine la surprotection de (nom de la personne). Il (ou elle) a confiance en moi, me donne mon espace, me laisse être moi-même en me donnant la liberté de choix dans mes décisions. Je suis heureux (heureuse) et épanoui (épanouie).

Supprime le négatif des esprits visibles et invisibles. C'est fait d'une façon immédiate et parfaite selon le plan divin. Merci.

Date de la 21e journée

PROTECTION DU DOMICILE

Esprit Infini, couvre ma maison de ton dôme rouge.

Protège-la des incendies, du cambriolage, du vandalisme, des inondations, etc.

Supprime le négatif des esprits visibles et invisibles. C'est fait d'une façon immédiate et parfaite selon le plan divin. Merci.

Date de la 21e journée

PROGRAMMATION INSTANTANÉE À FAIRE TOUS LES JOURS, À CHAQUE FOIS QUE VOUS QUITTEZ VOTRE DOMICILE

PROTECTION SUR LA ROUTE

Esprit Infini, couvre ma voiture de ton dôme rouge.

Protège ma voiture des accidents, des bris mécaniques et électroniques, des crevaisons et rend mon auto invisible à l'œil vigilant des policiers et des radars.

Supprime le négatif des esprits visibles et invisibles. C'est fait d'une façon immédiate et parfaite selon le plan divin. Merci.

PROGRAMMATION INSTANTANÉE À FAIRE À CHAQUE FOIS QUE VOUS UTILISEZ VOTRE VOITURE

Recommandation : *Placez un* post-it *sur le volant de votre voiture pour mémoriser la programmation et imprimer l'exercice dans votre mémoire.*

À FAIRE UNE FOIS PAR ANNÉE
(de préférence au début de chaque année)

Cette programmation vous protégera et vous incitera aussi à reprendre votre vie en main si vous vous êtes négligé...

Esprit Infini, couvre-moi de ton dôme blanc.

Je vis une année en parfaite santé, en et dans l'amour. Mon portefeuille s'équilibre d'une façon parfaite. Je me réalise sur le plan spirituel, émotionnel et professionnel.

Supprime le négatif des esprits visibles et invisibles. C'est fait d'une façon immédiate et parfaite selon le plan divin. Merci.

CONCLUSION

En considérant le pouvoir de l'esprit comme seul et unique moyen de réussite, vous serez gagnant.

Si vous avez un doute, si vous vous dites : « Ça va peut-être marcher, peut-être pas... » COUPEZ NET la pensée ou ANNULEZ-LA. C'est encore votre Saboteur qui se manifeste. Faites l'effort nécessaire à l'entraînement de votre esprit conscient.

Une vie merveilleuse, remplie de bonheur et de chances à saisir vous attend. Elle repose au fond de vous.

BIBLIOGRAPHIE

BANKS, Murray, Dr. *Arrêtez la terre de tourner, je veux descendre*, Saint-Hubert, Un monde différent, 1992.

BORDELEAU, Gilles A., M.D. *La Médecine naturelle des hommes*, Montréal, Forma, 1988.

CHOPRA, Deepak, Dr. *Le Corps quantique,* Paris, InterÉdition, 2002.

Executive Fitness, 28 août 1979, Rudal Press.

GIRARD, Serge. *Message de l'au-delà,* Montréal, Éditions JCL, 1990.

Glamours, juin 1994.

KÜBLER-ROSS, Élisabeth. *La Mort est un nouveau soleil,* Montréal, Éditions Québécor, 1989.

MARDEN, Orison Swett. *Les Miracles de la pensée,* Genève, Éditions Jeheber.

MILOT, Pierre H., Ph.D. *Québec en santé,* 1993.

PRÉMONT, Henri. *Cap sur la chance,* Boucherville, Éditions de Mortagne, 1993.

URANTIA FONDATION. *The Urantia Book,* Chicago, Urantia Fondation, 1990.

Produits de DANIEL SÉVIGNY

DVD, au nombre de six, pour transformer votre vie

Vécue au quotidien, la GESTION DE LA PENSÉE est un art. Aussi le public a- t-il exprimé le désir de disposer d'un matériel de soutien facile et rapide qui se référait à la formule de la pensée du jour. Daniel Sévigny a donc repris les grands thèmes de ses conférences, qu'il présente ici sous forme de capsules de trois minutes et demie chacune. Il a nommé ces capsules les COMPRIMÉS DU BONHEUR, que vous pouvez visionner au rythme d'une par jour. Accompagné chaque jour par ces COMPRIMÉS DU BONHEUR, vous vous sentirez soutenu dans cette nouvelle manière de vivre que vous avez adoptée après avoir compris l'importance d'évoluer selon la loi de l'attraction.

• **PHASES 1-2-3-4 : LA FORCE DE L'ESPRIT**

La complicité de l'ÉNERGIE DE L'UNIVERS dans le quotidien de votre vie. La découverte du Saboteur qui empoisonne l'existence. La programmation du subconscient, qui est le passeport de la réussite. Comme tout le monde, vous aussi direz : « **C'est facile et ça marche.** »

• **PHASE 5 : LE POUVOIR D'AUTOGUÉRISON**

Le canal énergétique est la découverte du siècle. C'est un pouvoir extrêmement puissant. Des milliers de personnes ont obtenu des résultats impressionnants. Les mantras sont des outils merveilleux pour garder son psychique au niveau du bonheur, pour optimaliser son état d'esprit. **Le premier remède de la guérison est la pensée.**

• PHASE 6 : LE MONDE DES GUIDES

J'atteste la réalité de ce monde irréel pour le commun des mortels, j'authentifie la présence des guides et je vous donne le privilège d'utiliser leurs ressources pour agrémenter et embellir votre vie. **Nos plus fidèles amis, les guides.**

• PHASE 7 : MA PREMIÈRE LEÇON DE VIE

À l'occasion d'une colonie de vacances, des jeunes découvrent la remarquable technique de la Gestion de la Pensée adaptée aux enfants. **Le monde de demain, ce sont les enfants d'aujourd'hui.**

• CD : DE L'OMBRE À LA LUMIÈRE

Un bijou, des textes sur un fond musical choisi. À écouter dans l'auto, au travail, partout. Ce CD vous permet de rester toujours en liaison avec les pouvoirs de votre « esprit présent ».

POUR COMMANDER
OU POUR TOUTE AUTRE INFORMATION

dsevigny@sympatico.ca

ou

VISITEZ LE SITE

lesclesdusecret.com

100 %

Imprimé sur du papier 100 % recyclé